FALTPLAN

»Schreiben Sie uns!

Wir hoffen, dass Ihnen dieser Reiseführer gefällt und er Ihnen ein guter Begleiter auf einer außergewöhnlichen und spannenden Reise ist.

Weil ein Reiseführer von Erfahrungen lebt, sind wir an Ihren Erlebnissen interessiert: Haben Sie im Buch ein Restaurant entdeckt, das es nicht mehr gibt, eine Sehenswürdigkeit, die wir noch nicht aufgeführt haben, oder eine falsche Adresse? Dann schreiben Sie uns!

Wir nehmen jeden Hinweis und jede Kritik ernst und arbeiten kontinuierlich daran, die Bücher aktuell zu halten und immer weiter zu verbessern. Auch wenn wir nicht jeden Wunsch erfüllen können, machen wir uns immer Gedanken über Ihre Anmerkungen.

Schreiben Sie an: info@reise-know-how.de oder Reise Know-How Verlag Peter Rump GmbH, Postfach 140666, 33626 Bielefeld

Wenn sich Ihre Infos direkt auf das Buch beziehen, bitten wir um die Angabe der Seitenzahl und der Auflagennummer bzw. des Erscheinungsjahres. Besonders hilfreiche Beiträge belohnen wir mit einem Sprachführer Ihrer Wahl aus unserer „Kauderwelsch"-Reihe.

Herzlichen Dank und gute Reisen
Ihr Reise Know-How Verlag

Diesem Buch wurde hier ein herausnehmbarer Faltplan beigefügt
Sollte er beim Erwerb des Buches nicht mehr vorhanden sein, fragen S

Liebe Leserin, lieber Leser,

ein unabhängiger Verlag für unabhängig Reisende – das sind wir, der Reise Know-How Verlag aus Bielefeld, eines der letzten Familienunternehmen in der Branche. Obwohl wir zu den größten Reiseführerverlagen Deutschlands gehören, ist der familiäre Umgang miteinander in allen Bereichen des Verlagslebens zu spüren: In der Geschäftsführung in zweiter Generation, in einer wertschätzenden Arbeitsatmosphäre, in der Nähe zu unseren frei arbeitenden Autorinnen und Autoren, im engen Austausch mit unseren Leserinnen und Lesern – und auch in der Zusammenarbeit mit Druckereien in Deutschland, in denen wir ausschließlich und regional unsere Bücher produzieren. Die sollen schließlich erst mit Ihnen auf große Reise gehen.

Alles, was wir in unsere Bücher und Landkarten stecken, soll Ihnen eines ermöglichen: Auf Ihre ganz eigene, individuelle Weise die Welt zu entdecken. Wir wünschen Ihnen viel Freude und unvergessliche Erlebnisse mit diesem Reiseführer.

Es grüßen herzlich
Peter Rump & Wayan Rump

Genuss und Kreativität vor historischer Kulisse

Bologna ist immer eine Reise wert! Die Stadt bietet unverfälschte italienische Lebensart: eine freundliche, entspannte Atmosphäre, hervorragende Gastronomie, Kunst und Kultur im Überfluss, gepaart mit dem studentischen Flair einer alteingesessenen Universitätsstadt.

Neben den Portici, die seit 2021 zum UNESCO-Welterbe gehören (s. S. 18), gibt es viele Kunstwerke großer Meister aus der Renaissance zu bestaunen, oft noch am Originalstandort in einer der zahlreichen Kirchen. Im Kulturviertel Manifattura delle Arti lohnt ein Besuch im Cinema de Lumière (s. S. 27), das jedes Jahr das renommierte Filmfestival Cinema Ritrovato veranstaltet.

Gastroklassiker wie die Bolognese-Soße, Tortellini oder Mortadella locken internationale Gourmets in die Stadt (s. S. 70). Einzigartig ist das Marktviertel Quadrilatero (s. S. 27), wo man im Mercato di Mezzo (s. S. 28) alle nur erdenklichen Leckereien probieren kann. Und natürlich gibt es da auch noch die ausgefallenen Eisspezialitäten, über die man im Gelato Museum einiges erfährt (s. S. 68). Mit dem Aperitivo (s. S. 79), einem von Genusshäppchen begleiteten Drink, stimmt man sich auf den Abend ein. Im Sommer kann man bei Festivals wie Bologna Estate (s. S. 91) oder im Kulturzentrum Serre dei Giardini Margherita (s. S. 40) Konzerte und Kunst erleben. Die Stadt und das Umland sind auch mit dem Fahrrad gut zu erkunden.

Politisch gesehen schwimmen Emilia-Romagna und Bologna gegen den Rechtsruck in der italienischen Politik: Im Wahljahr 2020 wurde der sozialdemokratische Präsident der Region Emilia-Romagna Stefano Bonaccini im Amt bestätigt. Bologna wird seit Oktober 2021 von einem Bündnis aus der Mitte-Links-Koalition der sozialdemokratischen PD, der radikalökologischen Coalizione Civica und der Fünf-Sterne-Bewegung regiert. Die Parteien haben sich ambitionierte Ziele gesetzt, um die Stadt klimaneutral und gerechter zu machen.

Die Autoren

Lilly Nielitz-Hart schreibt als freie Journalistin für Verlage und Tageszeitungen. Sie stammt aus dem Rhein-Main-Gebiet und lebte nach längeren Reisen und Aufenthalten unter anderem in Italien und den USA viele Jahre in Südengland. **Simon Hart**, geboren im nordenglischen Leeds, studierte Geschichte und Archäologie und war unter anderem für die University of British Columbia (Kanada) als Lehrkraft für Archäologie tätig. Die Autoren besuchen regelmäßig die Region Emilia-Romagna.

Für den Reise Know-How Verlag haben sie bereits die CityTrips London und Edinburgh, den InselTrip Orkney und den Reiseführer Rhein-Main-Region geschrieben.

085bo-nh

086bo-nh

Bologna auf einen Blick

© Reise Know-How 2023

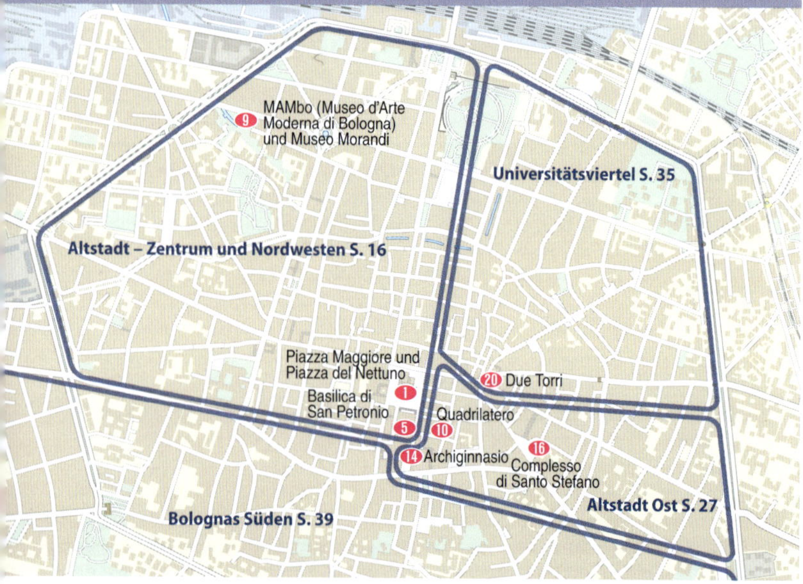

1 Genuss und Kreativität vor historischer Kulisse

7 **Bologna entdecken**

8 Willkommen in Bologna
10 Kurztrip nach Bologna
11 Das gibt es nur in Bologna
12 Stadtspaziergänge

16 **Altstadt – Zentrum und Nordwesten**
16 1 Piazza Maggiore und Piazza del Nettuno ★★★ [E5]
16 2 Palazzo del Podestà ★★ [E4]
17 3 Palazzo Re Enzo ★★ [E4]
18 I Portici – die Arkadengänge von Bologna
19 4 Palazzo d'Accursio (Palazzo Comunale) ★★ [D5]
20 San Petronio und Bologna
20 5 Basilica di San Petronio ★★★ [E5]
22 6 Cattedrale Metropolitana di San Pietro ★★ [E4]
22 7 Museo Civico Medievale (Mittelaltermuseum) ★★ [D4]
23 8 Basilica di San Francesco ★ [C4]
23 9 MAMbo (Museo d'Arte Moderna di Bologna) und Museo Morandi ★★★ [C2]
24 Bolognas Kanäle und die Seidenindustrie

27 **Altstadt Ost**
27 10 Quadrilatero – das Marktviertel ★★★ [E5]
28 11 Palazzo della Mercanzia ★ [E5]
28 12 Chiesa di Santa Maria della Vita ★★ [E5]
29 13 Museo Civico Archeologico (Archäologisches Museum) ★★ [E5]
29 14 Archiginnasio – historische Universität ★★★ [E5]
30 Laura Bassi
31 15 Palazzo Pepoli mit Museo della Storia di Bologna ★★ [E5]

32 ⑯ Complesso di Santo Stefano ★★★ [F5]
33 ⑰ Chiesa di Santa Maria dei Servi ★★ [G5]
33 ⑱ Museo internazionale e biblioteca della musica di Bologna ★★★ [F5]
34 ⑲ Museo Davia Bargellini und Museo Civico d'Arte Industriale (Museum für Industriekunst) ★★ [G5]

35 **Universitätsviertel**
35 ⑳ Due Torri ★★★ [E4]
36 La Turrita – Stadt der Türme
37 ㉑ Museo Ebraico di Bologna (Jüdisches Museum) ★ [F4]
37 ㉒ Teatro Comunale ★ [F4]
38 Die Vettern Caracci und die Bologneser Schule
38 ㉓ Palazzo Poggi ★★ [G4]
39 ㉔ Pinacoteca Nazionale ★★★ [G3]

39 **Bolognas Süden**
39 ㉕ Basilica di San Domenico ★★ [E6]
40 ㉖ Museo Civico del Risorgimento und Museo di Casa Carducci ★ [H6]
41 Bologna und das Risorgimento
42 ㉗ Giardini Margherita ★ [G8]
42 ㉘ San Michele in Bosco ★★ [D8]
42 ㉙ Santuario di Madonna di San Luca ★★★
43 ㉚ Cimitero di Certosa ★★

45 **Ausflüge nach Ferrara und Ravenna**

46 **Ferrara**
47 Die Este-Familie in Ferrara
48 ㉛ Castello Estense ★★ [Karte II]
48 Girolamo Savonarola
48 ㉜ Cattedrale ★★★ [Karte II]
50 ㉝ Palazzo Costabili und Archäologisches National museum ★★★ [Karte II]
50 ㉞ Palazzo Schifanoia ★★★ [Karte II]
51 ㉟ Casa Romei ★ [Karte II]
51 ㊱ Palazzo dei Diamanti mit Pinakothek ★★★ [Karte II]

54 **Ravenna**
58 ㊲ Basilica di San Vitale ★★★ [Karte III]
59 Dante in Ravenna
60 ㊳ Mausoleo di Galla Placidia ★★★ [Karte III]

Cleveres Nummernsystem

Die Sehenswürdigkeiten sind im Text und im Kartenmaterial mit derselben **magentafarbenen ovalen Nummer** ❶ markiert. Alle anderen Lokalitäten wie Geschäfte, Restaurants usw. tragen ein **Symbol und eine fortlaufende rote Nummer** (**1**). Die Liste aller Orte und die Zeichenerklärung befinden sich im Anhang.

Der Schmetterling ...

... zeigt an, wo man Angebote im Bereich des nachhaltigen Tourismus findet.

Bewertung der Sehenswürdigkeiten

★★★ nicht verpassen
★★ besonders sehenswert
★ wichtig für speziell interessierte Besucher

Planquadrat im Kartenmaterial

[A1] Orte ohne diese Angabe liegen außerhalb unserer Karten. Ihre Lage kann aber wie die aller Ortsmarken mithilfe der begleitenden Web-App angezeigt werden (s. Anhang).

Vorwahlen (s. auch S. 121)
- für Italien: 0039
- für Bologna: 051
- für Ferrara: 0532
- für Ravenna: 0544

Updates zum Buch
www.reise-know-how.de/citytrip/bologna23

61 ㊴ Museo Nazionale di Ravenna ★★ [Karte III]
61 ㊵ Domus dei Tappeti di Pietra (Haus der Steinteppiche) ★★ [Karte III]
61 ㊶ Battistero degli Ariani ★ [Karte III]
62 ㊷ Basilica di Sant'Apollinare Nuovo ★★★ [Karte III]
63 ㊸ Battistero Neoniano ★★ [Karte III]
63 ㊹ Museo Arcivescovile und Cappella di Sant'Andrea ★ [Karte III]
64 ㊺ MAR – Museo d'Arte della Città di Ravenna ★ [Karte III]
64 ㊻ Mausoleo di Teodorico ★
64 ㊼ Antico Porto di Classe ★
65 ㊽ Basilica di Sant'Apollinare in Classe ★★★

67 Bologna erleben

68 Bologna für Kunst- und Museumsfreunde
70 Bologna für Genießer
79 Bologna am Abend
81 Bolognas Osterias
84 Bologna zum Stöbern und Shoppen
88 Bologna zum Durchatmen
90 Zur richtigen Zeit am richtigen Ort

Blick auf den Canale di Reno (s. S. 24) von der Via Piella [E3]

93 Bologna verstehen

94 Bologna – ein Porträt
95 Von den Anfängen bis zur Gegenwart
96 Das etruskische Felsina
97 Die Familie Bentivoglio
99 Guglielmo Marconi
102 Leben in der Stadt
106 Kreativstadt Bologna – UNESCO City of Music

109 Praktische Reisetipps

110 An- und Rückreise
111 Autofahren
112 Barrierefreies Reisen
112 Diplomatische Vertretungen
112 Elektrizität
113 Geldfragen
113 Informationsquellen
113 Bologna preiswert
115 Meine Literaturtipps
115 Internet
116 LGBT+
116 Medizinische Versorgung
117 Mit Kindern unterwegs
118 Notfälle
118 Öffnungszeiten
119 Post
119 Radfahren
120 Sicherheit
120 Sprache
120 Stadttouren
121 Telefonieren
122 Unterkunft
126 Verhaltenstipps
126 Verkehrsmittel
128 Wetter und Reisezeit

129 Anhang

130 Kleine Sprachhilfe Italienisch
136 Register
140 Impressum
141 Liste der Karteneinträge
144 Zeichenerklärung
144 Bologna mit PC, Smartphone & Co.

NICHT VERPASSEN!

1 Piazza Maggiore und Piazza del Nettuno [E5]
Die Piazzas liegen im Herzen der Altstadt, mit Bauten aus dem Mittelalter und der Renaissance. Links und rechts laden abzweigende Gässchen zur Entdeckung ein (s. S. 16).

5 Basilica di San Petronio [E5]
Die bekannteste Kirche Bolognas wurde nie ganz vollendet. Spektakulär ist der Blick über die Dächer der Stadt von der Aussichtsterrasse in 54 m Höhe (s. S. 20).

9 MAMbo (Museo d'Arte Moderna di Bologna) und Museo Morandi [C2]
Das MAMbo zeigt moderne italienische Kunst und beherbergt auch das Museo Morandi mit Werken des Künstlers Giorgio Morandi. Auf dem Gelände der Manifattura delle Arti findet man zudem das Cinema Lumière (s. S. 23).

10 Quadrilatero – das Marktviertel [E5]
Im Marktviertel kann man die leckersten Delikatessen naschen und den Tag mit einem guten Glas Wein oder Bier beschließen (s. S. 27).

14 Archiginnasio – historische Universität [E5]
Das alte Universitätsgebäude bietet einen Einblick in das Studentenleben der Vergangenheit und einen der ersten Anatomiesäle der Welt (s. S. 29).

16 Complesso di Santo Stefano [F5]
Der Klosterkomplex mit byzantinischen Ursprüngen ist einer der magischsten Orte der Stadt (s. S. 32).

20 Due Torri [E4]
Die beiden schiefen Türme stehen bereits seit 500 Jahren. Den Torre Asinelli kann man auch erklimmen (s. S. 35).

29 Santuario di Madonna di San Luca
Von der Basilica auf dem Guardiahügel im Apennin bietet sich ein weiter Blick über Bologna (s. S. 42).

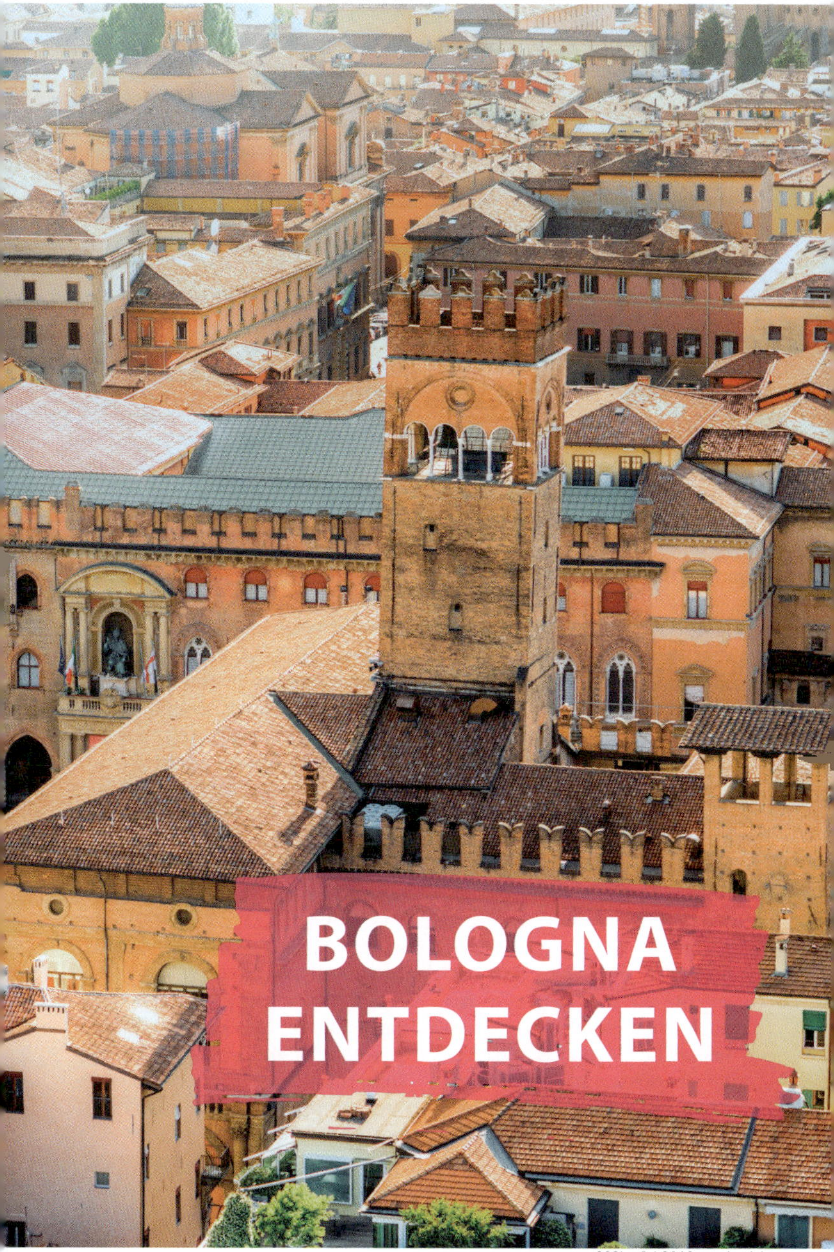

032bo ©rh2010, stock.adobe.com

Willkommen in Bologna

Bologna ist eine selbstbewusste Universitätsstadt mit einer freundlichen und lebendigen Atmosphäre. In der Altstadt liegen alle Sehenswürdigkeiten nahe beieinander und der fußgänger- und fahrradfreundliche flache Stadtkern ist für Citybummler geradezu ideal. Von den gut erhaltenen mittelalterlichen Portici (Arkadengänge, s. S. 18) wurden im Jahr 2021 zwölf in das UNESCO-Welterbe aufgenommen. Insgesamt überdachen die Arkaden gut 40 km der Fußwege, bieten bei Regen Zuflucht und spenden im Sommer Schatten. Davon profitieren natürlich auch die sich darunter befindenden Außenterrassen der Cafés und Restaurants. Neben einer international legendären Gastronomieszene besitzt die Stadt viele interessante Museen und bietet das ganze Jahr über ausgefallene Kulturevents, darunter Festivals mit Schwerpunkt Musik und Film. Zudem kann man Ausflüge in das Umland der Emilia-Romagna vom Apennin-Gebirge bis an die Adriaküste unternehmen.

Bolognas **historischer Stadtkern** hat sich durch die Jahrhunderte hindurch kaum verändert. Die Orientierung fällt leicht, denn das Straßennetz im Stadtkern folgt dem bereits zu römischen Zeiten angelegten rasterartigen Verlauf. Später wurde dieser durch diagonale Hauptachsen erweitert, die wie die Speichen eines Wagenrads auseinanderlaufen und bis zur Ringstraße führen. Die Einkaufsstraße **Via dell'Indipendenza** [D4–E2], die im Süden zur Via d'Azeglio wird, führt vom Bahnhof im Norden bis an den südlichen Stadtrand. Von Westen nach Osten folgt die geschäftige Via Ugo Bassi (bzw. in ihrer Verlängerung die Via Rizzoli), ebenfalls eine Einkaufsstraße, dem Verlauf der einstigen römischen Hauptstraße Via Emilia. Dort, wo diese Hauptachsen sich kreuzen, findet man mit der **Piazza Maggiore** 1 und der **Piazza del Nettuno** aus dem 13. Jh. das touristische Herz der Altstadt, das **Centro Storico.** Rund um die beiden Plätze befinden sich einige der wichtigsten Sehenswürdigkeiten wie die **Fontana del Nettuno** (Neptunbrunnen), der **Palazzo d'Accursio** 4 mit der städtischen Gemäldegalerie und den archäologischen Ausgrabungen und die **Basilica di San Petronio** 5. Im **Palazzo del Podestà** 2 findet man unter den Arkaden die Touristeninformation **Bologna Welcome** (s. S. 114), wo man sich mit Stadtkarten und Informationen eindecken kann.

Vorseite: Die Piazza Maggiore 1 ist das Herz der mittelalterlichen Altstadt

Östlich der Piazza Maggiore führt die Via Rizzoli zur Piazza di Porta Ravegnana mit den **Due Torri** 20, den beiden schiefen Türmen von Bologna – berühmte Wahrzeichen der Stadt. Den **Torre Asinelli** kann man erklimmen und die Aussicht auf die Stadt genießen. Von hier führt die Via Zamboni ins Universitätsviertel mit den wissenschaftlichen Museen des **Palazzo Poggi** 23, dem **Teatro Comunale** 22 und der **Pinacoteca Nazionale** 24. Mittendrin ist die **Piazza Verdi** [F4] der Treffpunkt der Studentenszene mit Cafés und Open-Air-Veranstaltungen. Ein reges nächtliches Straßenleben und viele Restaurants bietet auch die benachbarte **Via G. Oberdan** [E3–4]. Im mittelalterlichen Gassengewirr westlich von hier kann man noch Überreste der **Bologneser Kanäle** (s. S. 24) erspähen, die einst die Stadt durchzogen. Die nordwestlich von hier verlaufende **Via A. Righi** [E3] ist von Trattorien und Osterien gesäumt.

Östlich der Basilica di San Petronio führen Arkadengänge zum **Museo Civico Archeologico** 13 und zur historischen Universität **Archiginnasio** 14 an der Piazza Galvani. Südlich, vorbei an den luxuriösen Arkaden der **Galleria Cavour** (s. S. 84), geht es von dort aus weiter zur **Basilica di San Domenico** 25. Über die Via Luigi Carlo Farini lohnt ein Abstecher zum einzigartigen Kloster- und Kirchenkomplex **Santo Stefano** 16 mit seinem beliebten Vorplatz.

Im Nordwesten der Stadt finden Kunstinteressierte auf dem Gelände des einstigen Flusshafens das alternative Kulturzentrum **Manifattura delle Arti** mit dem **MAMbo** 9, dem **Cinema Lumière** (s. S. 27) und dem **Parco del Cavaticcio**, wo im Sommer Veranstaltungen stattfinden. Südlich von hier ist die **Via Pratello** [A–C4] im Viertel Saragozza eine beliebte Ausgehmeile der Kunststudenten und Hipster.

Alle Sehenswürdigkeiten lassen sich gut zu Fuß oder mit dem Fahrrad erreichen, man kann aber auch eine Sightseeingtour mit dem **City Red Bus** (s. S. 121) oder dem Bähnchen **San Luca Express** (s. S. 121) unternehmen. Beide fahren von der Ostseite der Piazza Maggiore zu den schönsten Aussichtspunkten hoch über der Stadt in den Ausläufern der Apennin-Hügel, z. B. zum **Santuario di Madonna di San Luca** 29. Von dort aus hat man einen weiten Blick über die terrakotta- und ockerfarbenen Dächer der historischen Stadt.

Für einen Ausflug ins Grüne bieten sich der Stadtpark **Giardini Margherita** 27, die Apennin-Hügel oder die Fahrradwege entlang des **Canale Navile** und des **Canale di Reno** im Westen an. Im Westen liegt auch das weitläufige Parkgelände des Monumentalfriedhofs **Certosa** 30, dessen künstlerisch gestaltete Gruften zu den ungewöhnlichsten Sehenswürdigkeiten Bolognas gehören.

033bo-nh

Der Aufgang zum Parco della Montagnola [E2], nur einer von vielen Grünflächen in der Stadt

Kurztrip nach Bologna

1. Tag

Wer sich zunächst in der Altstadt orientieren und einen Überblick über die wichtigsten Sehenswürdigkeiten gewinnen möchte, könnte den Tag mit **Spaziergang 1** beginnen (s. S. 12). Wer mit Kindern unterwegs ist oder nicht so viel laufen möchte, kann wahlweise auf der Ostseite der Piazza Maggiore 1 (an der Piazza Re Enzo) zu einer Stadtrundfahrt in den **City Red Bus** (s. S. 121) einsteigen. Im **Palazzo del Podestà** 2 kann man sich vorher in der Touristeninformation mit Stadtkarten und Informationen über öffentliche Verkehrsmittel eindecken oder spezielle Routen erfragen. Zwischendurch kann man sich z. B. im zentralen **Caffè Vittorio Emanuele** (s. S. 77) mit Blick auf den Marktplatz und die **Basilica di San Petronio** 5 entspannen. Wer shoppen möchte, könnte einen Einkaufsbummel entlang der **Via F. Rizzoli** [E4] anschließen, die in die Via Ugo Bassi übergeht.

Abends nimmt man in den Gassen des Quadrilatero 10 seinen Aperitivo ein – z. B. in der Bar **Zerocinquantello** (s. S. 74) – und isst danach in einem der Restaurants in der Via degli Orefici wie der **Osteria del Podestà** (s. S. 74). Später könnte man den Abend in der **Osteria del Sole** (s. S. 81) fortsetzen und ganz in der Nähe der Due Torri 20 befindet sich die Bar **Soda Pops** (s. S. 83). Zu später Stunde finden auch Jazzkonzerte im **Camera Jazz & Music Club** (s. S. 82) statt.

▷ Mittelalterliche Architektur an der Piazza di Mercanzia [E4], dahinter erhebt sich der Torre Asinelli 20

MEIN TIPP

Bologna von oben

Wer den Ausblick auf Bologna genießen möchte, muss erst einmal Turmtreppen erklimmen oder auf Hügel kraxeln, denn die Stadt selbst liegt in den Ausläufern der Po-Ebene und das Stadtzentrum ist recht flach.

Der höchste Turm ist mit 97,3 m der **Torre Asinelli** 20, zu dem 498 Stufen hinaufführen. Ebenfalls über Stufen zugänglich ist der 70 m hohe Campanile der **Cattedrale Metropolitana di San Pietro** 6. Die Aussichtsplattform der **Basilica di San Petronio** 5 bietet aus 54 m Höhe einen guten Ausblick auf die benachbarten Gebäude der Innenstadt und ist über Stufen und einen Lift zu erreichen. Gleich gegenüber kann man auf den Glockenturm (Orologio) des **Palazzo d'Accursio** 4 steigen.

Einen weiteren spektakulären Ausblick ermöglichen die grünen Hänge der Apennin-Ausläufer, die Colli Bolognesi, die ganz abrupt am südlichen Stadtrand beginnen. Den steilen Aufstieg über den Pilgerweg zum **Santuario di Madonna di San Luca** 29 kann man vermeiden, wenn man eine Tour mit dem Ausflugsbähnchen San Luca Express von der Piazza Maggiore 1 bucht (s. S. 121). Die Basilika befindet sich auf dem 300 m hohen Colle della Guardia und man wird mit einem Panoramablick über die Stadt belohnt.

Weiter östlich steht **San Michele in Bosco** 28 ca. 286 m über dem Meeresspiegel. Aufgrund einer faszinierenden optischen Täuschung durch das dicke Fensterglas in einem Verbindungsgang der Kirche ergibt sich von hier ein teleskopischer Blick auf den Torre Asinelli, der plötzlich zum Greifen nah scheint. Die Anlage ist unter anderem ein Stopp des Stadtspaziergangs Genus Bononiae (s. S. 31).

Das gibt es nur in Bologna

- **Ragù:** Nirgends wird die Bolognese-Soße so authentisch serviert wie hier, wo sie erfunden wurde. Dazu isst man Eiernudeln, zum Beispiel Tagliatelle.
- **I Portici:** Fast 40 km an überdachten Fußwegen bieten die historischen Arkadengänge der Stadt, die bis in die Apennin-Hügel zum Santuario di Madonna di San Luca 29 hinaufführen.
- **Due Torri** 20: Bologna hat gleich zwei schiefe Türme aus dem 12. Jh., die mit über 3 m Neigung die Zeiten überdauert haben.
- **Unterirdische Kanäle:** Die Wasserwege Bolognas begründeten den wirtschaftlichen Reichtum der Stadt – an verschiedenen Stellen kann man sie noch sehen.
- **Quadrilatero** 10: Im historischen Marktviertel kann man heimische Delikatessen wie Tortellini und Mortadella einkaufen und auch gleich probieren.
- **Museo internazionale e biblioteca della musica di Bologna** 18: Dieses einzigartige Musikmuseum ging aus der Sammlung der Accademia Filharmonica hervor, an der Rossini und Donizetti, aber auch Mozart studierten.

2. Tag

Am Vormittag könnte man zunächst dem auf Seite 15 beschriebenen **Stadtspaziergang** durch das Universitäts- und das ehemalige Hafenviertel folgen. An einem schönen Tag könnte man auch eine Fahrt mit dem Bähnchen **San Luca Express** (s. S. 121) zum **Santuario di Madonna di San Luca** 29 unternehmen. Von dem Hügel mit 300 m Höhe hat man nicht nur einen guten Ausblick auf die Stadt in der Ebene, sondern auch auf die Ausläufer des Naturparks des Appenin im Süden. Die Fahrt mit der Bahn bietet auch Kindern ausreichend Unterhaltung und in der Parkanlage der Basilika ist Zeit zum Toben.

Zum Abendessen könnte man in der Via Righi z. B in die **Trattoria Montanara** (s. S. 75) einkehren, aber auch das **La Prosciutteria** (s. S. 74) in der Via Oberdan eignet sich für ein zwangloses Beisammensitzen. Danach könnte man zum Nachtisch in der **Gelateria Majori** (s. S. 78) eine

005bo-nh

der Eisspezialitäten probieren. In Musikkneipen wie der **Cantina Bentivoglio** (s. S. 82) oder dem **Bravo Caffè** (s. S. 82) kann man Konzerten lauschen und danach noch tanzen gehen.

3. Tag

Am dritten Tag bietet sich z. B. ein Ausflug nach **Ravenna** (s. S. 54) oder **Ferrara** (s. S. 46) an, die man mit dem Zug oder Auto in kurzer Zeit erreicht. Beide Städte eignen sich gut zum Bummeln und locken mit einzigartigen historischen Sehenswürdigkeiten, die zum UNESCO-Weltkulturerbe gehören.

In der Basilica di San Domenico 25 sind Kunstwerke der Bologneser Schule (s. S. 38) zu sehen

Stadtspaziergänge

Spaziergang 1: Das Herz der Altstadt

Der im Folgenden beschriebene Spaziergang führt in das touristische Herz der Altstadt mit den wichtigsten Sehenswürdigkeiten, Kirchen und Museen. Zwischendurch ergibt sich immer wieder die Gelegenheit, leckere Spezialitäten aus Bologna zu probieren.

Ausgangspunkt des Spaziergangs, für den man ohne Museumsbesuche ca. vier bis fünf Stunden einplanen sollte, ist die **Piazza Maggiore** 1 bzw. die **Piazza del Nettuno**, die das Herz der Altstadt bilden. In der Mitte erhebt sich hier der **Palazzo del Podestà** 2 mit der Touristeninformation.

Auf der Westseite erstreckt sich der weitverzweigte **Palazzo d'Accursio** 4 mit der städtischen Gemäldegalerie, in der z. B. Werke von Künstlern der Bologneser Schule (s. S. 38) zu sehen sind. Der Palast mit dem markanten Uhrenturm, von dem aus man die Aussicht genießen kann, entstand für den Rechtsgelehrten und Glossator d'Accursio (s. S. 23). Am Nordende ist die Bibliothek **Salaborsa** (s. S. 20) untergebracht, wo man einen Blick in das unterirdische Bologna *(Bologna sotteraneo)* werfen kann: Dort sind noch die Grundmauern des römischen Bononia mit Straßen und Gebäuderesten zu sehen. Gleich vor der Salaborsa steht der bekannteste Brunnen Bolognas, die **Fontana del Nettuno** mit der gewaltigen Neptunstatue des Bildhauers Giambologna.

Die **Basilica di San Petronio** 5 nimmt die Südseite des Platzes ein und ist dem Stadtheiligen gewidmet. Von der **Terrazza**, einer Aussichtsplattform in 54 m Höhe, kann man einen Blick über die Dächer der Innenstadt werfen. Danach spaziert man entlang der eleganten Einkaufsstraße **Via M. d'Azeglio** [D5] in Richtung Süden. Dabei passiert man das Haus, in dem der bekannte Liedermacher **Lucio Dalla** wohnte (s. S. 21). Durch einen kleinen Durchgang beim Innenhof Corte de' Galluzzi auf der linken Seite gelangt man auf die **Piazza Galvani** mit dem Denkmal des Physikers Luigi Galvani (s. S. 29). Dort kann man im **Caffè Zanarini** (s. S. 77) eine Rast einlegen.

Unter den Arkadengängen an der Ostseite des Platzes versteckt sich der Eingang zum historischen Gebäude **Archiginnasio** 14, das vom 16. bis 19. Jh. der Sitz der Bologneser Universität war. Bereits in dem sehenswerten Innenhof sieht man die Wappen der einstigen Studenten und Professoren. In den oberen Räumen hat man Zugang zum historischen Anatomiesaal und dem reich dekorierten Hörsaal Stabat Mater, wo 1842 Gioacchino Rossinis gleichnamiges Werk uraufgeführt wurde. Nur wenige Schritte weiter nördlich finden Geschichtsinteressierte das **Museo Civico Archeologico** 13 mit vielen archäologischen Fundstücken.

Nun könnte man über die Via Farini, die Piazza Cavour und die Via Garibaldi einen Abstecher zur **Basilica di San Domenico** 25 machen. In dem Dominikanerkloster befindet sich der Sarkophag des Ordensgründers Domenikus, mit dem der Bildhauer **Niccolò dell'Arca** zu Ruhm gelangte. Es gibt Fresken von Künstlern der Bologneser Schule und sogar eine Skulptur von Michelangelo zu sehen. Eine historische Seltenheit sind die Glossatorengräber (s. S. 23) der Universitätsprofessoren auf dem Vorplatz.

Über die Via Rolandino und die Piazza Calderini spaziert man dann zur **Piazza Minghetti**, wo die Terrasse der **Casa Minghetti** (s. S. 77) zu einer Rast einlädt. In der Mitte des Platzes steht einer der sieben denkmalgeschützten Bäume Bolognas. Unter der 40 m hohen Platane verläuft gleichzeitig der heute unterirdische Flusslauf des Aposa (s. S. 24). Ganz in der Nähe befindet sich die elegante Einkaufspassage **Galleria Cavour** (s. S. 84) und in der Via Castiglione kann man einen Abstecher in das historische Museum **Palazzo Pepoli** 15 machen, wo man alles über die Stadtgeschichte erfährt.

Wieder zurück auf der Piazza Minghetti folgt man nun der Via de' To-

Routenverlauf im Stadtplan

Die hier beschriebenen Spaziergänge sind mit farbigen Linien im Stadtplan eingezeichnet.

schi in Richtung Norden bis zur Via Clavature [E5]. Hier befindet man sich bereits mitten im Marktviertel **Quadrilatero** 10 und kann nach links einen Abstecher zur **Chiesa di Santa Maria della Vita** 12 machen. Sehenswert ist hier die Skulptur **Compianto del Cristo Morto** von **Niccolò dell'Arca** aus dem 15. Jh.

Gleich neben der Kirche befindet sich der Eingang zum Gastromarkt **Mercato di Mezzo** (s. S. 28), wo man Street Food kaufen und sich zum Mittagessen niederlassen kann. Danach geht man über die Via Drapperie [E5] nach Norden. Hier und in der nach links anzweigenden Via Pescherie Vecchie findet tagsüber der **Frischemarkt** mit Gemüse, Obst, Fisch und Spezialitäten statt. Abends laden die Restaurantterrassen des Viertels zum **Aperitivo** (s. S. 79) ein.

Man folgt nun der Via Drapperie bis zur Kreuzung mit der Via degli Orefici/Via Caprarie [E4] und biegt nach rechts ab. Schon bald sieht man auf der rechten Seite den **Palazzo della Mercanzia** 11 aus dem 14. Jh., der früher die Gilden beherbergte und heute Sitz der Handelskammer ist. Hier wird u. a. das authentische Rezept für die Bolognese-Soße (s. S. 71) aufbewahrt. Folgt man der Via Santo Stefano von hier aus nach Südosten, gelangt man zum Kloster **Santo Stefano** 16, einem Komplex aus sieben Kirchen, von denen heute noch vier sichtbar sind. Noch erhalten ist z. B. die polygonale byzantinische Kirche **San Sepolcro** aus dem 5. Jh.

Von der Piazza Santo Stefano gelangt man durch die Passage **Corte Isolani** (s. S. 32) auf die **Strada Maggiore**, deren Portiken zum UNESCO-Welterbe gehören (s. S. 18). Einen der ältesten Arkadenbögen aus Holz kann man beim Casa Isolano am Ausgang der Passage bewundern. Nach rechts erreicht man das **Museo internazionale e biblioteca della musica di Bologna** 18, das an die bekannten Komponisten erinnert, die einst in Bologna studierten und wirkten. Wenn man stattdessen der Strada Maggiore in die anderen Richtung folgt, kommt man zu den **Due Torri** 20, den beiden schiefen Türmen von Bologna, und kann den Aufstieg auf den **Torre Asinelli** wagen. Einst war die Stadt mit fast 180 solcher Türme übersät. Wieder auf festem Boden könnte man in der benachbarten **Gelateria Gianni** (s. S. 77) eine der ausgefallenen süßen oder pikanten Eissorten probieren, die bei den Bolognesern so beliebt sind. Von hier aus führt die Via Rizzoli wieder zur Piazza Maggiore.

006bo-nh

Die Einkaufsstraße Via dell'Indipendenza [D4–E1] entstand im 19. Jh.

Spaziergang 2: Durch das Universitäts- und das ehemalige Hafenviertel

Der nachfolgende Spaziergang führt durch das Universitätsviertel und begibt sich dann auf die Spuren der ehemaligen Kanäle von Bologna, die im Mittelalter die Seidenspinnereien nutzten. Über Boulevards aus dem 19. Jahrhundert geht es zu einer Kulturfabrik und vorbei an grünen Parks wieder zurück ins Zentrum.

Der Spaziergang, der ohne Besichtigungen etwa vier Stunden in Anspruch nimmt, beginnt an der **Via Zamboni** [E4–G3], die von den Due Torri **20** ins **Universitätsviertel** führt. An der Via del Carro erinnert noch ein Torbogen an das **jüdische Ghetto** aus dem 16. Jh. In der Via Valdonica, die nach rechts von der Via del Carro abzweigt, befindet sich zudem das **Jüdische Museum** **21**.

Wieder zurück auf der Via Zamboni läuft man unter langen Arkadengängen bis zur **Piazza G. Verdi** [F4]. Sie ist ein beliebter Treffpunkt für Studenten. Hier versteckt sich unter Arkaden auch der Eingang zum **Teatro Comunale** **22**. Ein kleines Stück weiter östlich befinden sich im weitverzweigten **Palazzo Poggi** **23** die wissenschaftlichen Museen der Universität. Gleich um die Ecke steht die **Pinacoteca Nazionale** **24**, in der bedeutende Werke religiöser Malerei aus den hiesigen Kirchen und Klöstern zu finden sind.

Über die Via delle Bella Arti gelangt man mitten durch das Studentenviertel in die **Via Marsala** [E3–F4], der man nach Westen folgt. Nördlich geht es in die Via Oberdan bis zur Via Augusto Righi. Nach Norden blickt man hier bei der Via Alessandrini auf den ehemaligen Verlauf des **Canale delle Moline**, der im Mittelalter von Mühlen gesäumt war (s. S. 24). Etwas weiter östlich verläuft parallel unterirdisch der Fluss Aposa.

Ein kleines Stück weiter westlich biegt man links in die kurze **Via Piella** [E3] ein. Nach einer Weile eröffnet sich der Blick auf einen Rest des **Canale di Reno**, der vom Fluss Reno gespeist wurde. Über die Via Bertiera gelangt man zur **Via dell'Indipendenza** [D4–E2], in die man nach rechts einbiegt. Die boulevardähnliche Straße entstand im 19. Jh. und führt nach Norden bis zum Hauptbahnhof.

Dieser Teil der Stadt bildete sich im 19. und 20. Jh. nach dem Abriss der alten Stadtmauer. Vorbei am **Parco della Montagnola** erreicht man die **Piazza XX Settembre**, wo noch die Überreste eines der alten Stadttore, der **Porta Galliera**, stehen. Man biegt südwestlich in die Via Antonio Gramsci ab und folgt dann ab der Piazza dei Martiri 1943–1945 der Via Don G. Minzoni nach Westen. Schon bald sieht man auf der linken Seite das **MAMbo** **9**, ein Museum für moderne Kunst auf dem Gelände der **Manifattura delle Arti.** Im Café des Museums kann man sich ausruhen, bevor man das Gelände der Kulturfabrik weiter erkundet. An den ehemaligen Hafenanlagen der Stadt steht noch der Salzspeicher aus dem 17. Jh. Das Kino **Cinema Lumière** (s. S. 27) der Cineteca di Bologna befindet sich auch hier.

Für eine kühlende Rast kann man im **Parco del Cavaticco** [C2] anhalten oder über die Via Azzo Gardino zum **Parco 11 Settembre 2001** laufen. Richtung Osten gelangt man auf die Via Riva di Reno und biegt von hier auf die Via Galliera rechts ab. Bei der Via Manzoni (links) passiert man das **Mittelaltermuseum** **7** im Palazzo Ghisilardi Fava aus dem 15. Jh. Von dort kommt man zur Hauptstraße Via dell'Indipendenza, die Richtung Süden zurück zur **Piazza Maggiore** 1 führt. Die barocke **Cattedrale Metropolitana di San Pietro** 6 zwängt sich zwischen die modernen Arkaden. Lohnend ist ein Aufstieg auf den Glockenturm (Sa und So nachmittags).

Nach der Rückkehr bummelt man von der Piazza Maggiore auf der Einkaufsstraße **Via Ugo Bassi** nach Westen. An der Ecke zur Via Nazario Sauro [D4] steht eine Statue, die die Bologneser dem Märtyrerpriester des Risorgimento, **Ugo Bassi** (s. S. 41), gewidmet haben. Unter den Arkaden findet man auch den Eingang zum **Mercato delle Erbe** (s. S. 78). Hier kann man an Gastroständen ein preiswertes Mittagessen einnehmen und den Spaziergang ausklingen lassen.

Altstadt – Zentrum und Nordwesten

Bologna ist bekannt für seine besonders schöne und gut erhaltene Altstadt (Centro Storico). Viele Sehenswürdigkeiten befinden sich gleich im Zentrum rund um die Piazza Maggiore oder nahebei. Fußgängerzonen und lange Arkadengänge ermöglichen einen entspannten und weitgehend verkehrsfreien Bummel.

1 Piazza Maggiore und Piazza del Nettuno ★★★ [E5]

Bolognas Altstadtkern erhielt sein heutiges Gesicht bereits im 13. Jh. Damals riss man ganze Häuserzeilen ab, um Bauland für öffentliche Gebäude zu gewinnen. So entstanden die beiden Plätze Piazza Maggiore und Piazza del Nettuno, die ineinander übergehen.

Rund um den Platz wurden prachtvolle Paläste erbaut, in denen heute Museen, Geschäfte, Büros und Lokale untergebracht sind. In den 1960er-Jahren verhinderte die kommunistische Stadtverwaltung, dass der Platz mit einem Parkplatz überbaut wurde und initiierte stattdessen die Restaurierung der historischen Gebäude.

Namensgeber der Piazza del Nettuno ist der **Fontana del Nettuno**, der von 1563 bis 1566 erbaut wurde. Wegen der überlebensgroßen, bronzenen Neptunstatue, die den Brunnen dominiert, wird er auch „Il Gigante“ genannt. Am Fuß der Statue sitzen vier Nymphen, deren wasserspeiende Brüste viele Jahrhunderte die Bürger mit Trinkwasser versorgten. Der Gesamtentwurf stammt zwar von Baumeister Tommaso Laureti, doch die Neptunstatue geht auf den Belgier Jean Boulogne (ital. Giambologna) zurück. Der Brunnen, der vom Canale di Reno gespeist wurde, galt nicht zuletzt als Symbol für die Macht des Papstes und des Kirchenstaats. Den Dreizack Neptuns nahm die Bologneser Automarke Maserati als Inspiration für ihr Logo.

2 Palazzo del Podestà ★★ [E4]

Die Mitte der Piazza Maggiore wird vom Palazzo del Podestà dominiert. Er entstand um 1200 und diente kurzzeitig als Rathaus. Der älteste noch erhaltene Teil des Gebäudes ist der viereckige **Torre dell'Arengo** aus dem Jahr 1259. Wenn die Glocke des Turms (1453) geläutet wurde, versammelten sich die Bürger der Stadt auf dem Vorplatz. Unter der Regentschaft der Familie Bentivoglio wurde der Palazzo von 1484 bis1494 im Renaissancestil umgebaut. Hier residierte der *Podestà*, d. h. der Magistrat, der Bologna für die Stadtherren verwaltete. Unter-

halb des Turms befindet sich der Bogengang **Voltone del Podestà** mit Statuen der heiligen Stadtpatrone Petronio, Procolo, Domenico und Francesco sowie einer Flüstergalerie. Im Erdgeschoss unter den Arkaden findet man außerdem das zentrale Büro der **Touristeninformation** (s. S. 114). Früher fanden auf dem Platz vor den Arkaden Märkte und Messen statt und noch heute ist er bei Festivals und Märkten von Buden und Tribünen gesäumt.

3 Palazzo Re Enzo ★★ [E4]

Der Palazzo Re Enzo auf der Westseite der Piazza del Nettuno entstand von 1244 bis 1246 für die Justizbehörden der Stadt als Anbau an den Palazzo del Podestà. Nur drei Jahre später wurde er jedoch zum „Gefängnis" für **Enzo di Sardegna** (König Enzio von Sardinien, 1216–1272). Der uneheliche Sohn des Stauferkönigs Friedrich II. lebte hier von 1249 bis zu seinem Tod 1272. Zwar war er Gefangener der papsttreuen bolognesischen Guelfen, er durfte den Palazzo jedoch herrschaftlich bewohnen. Die Guelfen, die mit den kaisertreuen Ghibellinen im Zwist lagen, lehnten die Herrschaft der Staufer ab. In der Schlacht von Fossalta nahmen sie Enzo gefangen und trotz wiederholten Einspruchs seines Vaters wurde er nie wieder freigelassen. Beerdigt wurde Enzo in der Basilica di San Domenico 25.

Die Ostseite des Gebäudekomplexes bildet der **Palazzo del Capitano del Popolo.** Während der *Podestà* von den herrschenden Adelsfamilien eingesetzt wurde, vertrat der *Capitano* die Bürger der Stadt, darunter Kaufleute und Handwerker aus den Gilden. Bologna war die erste Stadt, die 1228 das neue Amt des *Capitano* einführte, um die mächtigen Adelsfamilien zu kontrollieren.

› Piazza del Nettuno 1/c, www.palazzoreenzo.com/en. Nur zu Veranstaltungen geöffnet.

Im Palazzo d'Accursio 4 mit dem alten Uhrturm ist heute die städtische Gemäldegalerie untergebracht

I Portici – die Arkadengänge von Bologna

Bologna ist für seine **Portici** bekannt, Arkadengänge, die fast 40 km der Fußwege überspannen. Während solche Arkaden im Mittelalter auch in anderen europäischen Städten verbreitet waren, ist Bologna die einzige Stadt weltweit, in der die zusammenhängende Struktur der Bauten im historischen Straßenverlauf noch fast vollständig erhalten ist. Neue Arkaden entstanden noch bis ins 20. Jh. hinein. Grund hierfür waren nicht zuletzt Bauverordnungen der Stadt, die schon ab dem 13. Jh. den Arkadenbau förderten. Im Jahr 2021 nahm die **UNESCO** zwölf zusammenhängende Arkadenkomplexe ins Welterbe auf. Die ausgewählten Portici repräsentieren die geschichtlichen Epochen und unterschiedliche Bauweisen.

Die Arkaden verdankten ihre Entstehung dem rapiden Bevölkerungszuwachs in Bologna im späten Mittelalter. Der Erfolg der 1098 gegründeten Universität brachte Hunderte von Studenten und Professoren aus dem In- und Ausland in die Stadt, die Unterkünfte suchten. Um innerhalb der Stadtmauern mehr Wohnraum zu gewinnen, baute man vielfach Holzvorbauten an die oberen Stockwerke an, die weit bis auf die Straße hinausragten. Das Gewicht dieser Anbauten wurde teils von diagonalen Streben an der Hauswand, teils von langen Holzbalken gestützt, die einen Säulengang bildeten. Den so entstandenen überdachten Platz vor der Haustür nutzten bereitwillig Handwerker und Ladengeschäfte. Genaugenommen waren solche Anbauten illegal, da hier Privatbürger ihren Wohnraum auf die Fußwege und Straßen ausdehnten, die der Gemeinde gehörten. Die Stadtväter erkannten jedoch deren ökonomischen Nutzen: Die Portiken schafften Wohnraum und schützten gleichzeitig Händler und Bürger vor Regen und Sonne, was dem Handel und damit dem Wohlstand der Stadt zuträglich war. In den Statuten von 1288 wurde daher festgelegt, dass alle Neubauten zwangsläufig mit Portiken versehen werden mussten. Die Fußwege unterhalb der Arkaden mussten allerdings öffentlich zugänglich bleiben, wobei der private Eigentümer für die Pflege und Instandhaltung der Fußwege verantwortlich war. Infolge des Gesetzes musste nun für Bauten ohne Arkaden eine spezielle Genehmigung eingeholt werden und sie wurden zur Seltenheit.

080bo-nh

1363 wurde festgelegt, dass die Balkone und ihre Stützen nicht mehr aus Holz gebaut werden durften. Dies wurde weitgehend ignoriert. 1568 bestimmten die Stadtväter, dass alle noch vorhandenen Holzstützen binnen drei Monaten durch neue aus Stein ersetzt werden sollten. Auch dieses Gesetz wurde nie wirklich durchgesetzt, sodass sich bis zum heutigen Tag einige der alten Holzarkaden erhalten haben, so z. B. beim Eingang zum Corte Isolani (s. S. 32) oder auf der Strada Maggiore, die aufgrund der Vielfalt an Baustilen in ihrer gesamten Länge zum UNESCO-Welterbe gehört.

Beim Bummeln in den Arkaden, die immer noch vielfach für Geschäftsauslagen und als Caféterrassen genutzt werden, sollte man auf die verschiedenen Baustile aus dem 12. bis zum 20. Jh. achten. Auch die Decken sind einen Blick wert, denn einige sind aufwendig mit Stuck oder Fresken verziert.

Zu den von der UNESCO geschützten Arkaden gehört auch der Bezirk **Piazza di Porticata** rund um den Complesso di Santo Stefano 16. In der Via Santo Stefano sind beeindruckend grazile Säulen aus der Renaissance zu sehen. Beispiele aus der Spätrenaissance und dem Klassizismus, geschützt als Portici accademici, entdeckt man entlang der Via Zamboni [E4–G3]. Besonders elegant ist der Bogengang an der Ostseite der Piazza Maggiore 1 vor dem **Palazzo dei Banchi** (Portici commerciali del Pavaglione e dei Banchi). Unter dem sogenannten Pavaglione, der 1563 vom Architekten Antonio Terribilia erbaut wurde, flanierte schon damals die betuchte Bevölkerung. Der längste Arkadengang der Stadt ist fast 4 km lang und hat 666 Bögen. Er führt von der Porta Saragozza [B6] steil bergauf zum **Santuario di Madonna di San Luca** 29 und ist gleichzeitig ein Pilgerweg (Portico devozionale di San Luca). Arkaden aus dem 20. Jh. findet man rund um das MAMbo 9. Ebenfalls geschützt sind die Arkaden des Cimitero di Certosa 30.

Es finden regelmäßig **Touren** zu den UNESCO-Arkaden statt (s. S. 121).

4 Palazzo d'Accursio (Palazzo Comunale) ★★ [D5]

Der weitverzweigte Palazzo Comunale, auch Palazzo d'Accursio genannt, nimmt die ganze Westseite der Piazza Maggiore ein. Heute beherbergt der Komplex aus verschiedenen miteinander verbundenen Gebäuden das Rathaus, die Kunstgalerie Collezioni Comunali d'Arte und die Stadtbücherei Salaborsa.

Im ältesten Gebäudeteil am Südende mit dem markanten Glockenturm **Torre dell'Orologio** (15. Jh.), den man erklimmen kann, wohnten bis zum 13. Jh. die Nachkommen des Rechtsgelehrten **d'Accursio** (s. S. 23), 1336 zogen die Stadtältesten ein. Im 14. Jh. verwandelte der päpstliche Legat den Palast in eine Burg, komplett mit Wassergraben und Zugbrücke.

In den ehemaligen, üppig ausgestatteten Gemächern im ersten Stock ist heute die **Collezioni Comunali d'Arte** mit Werken aus der Zeit vom 13. bis 20. Jh. untergebracht, darunter Werke aus der Bologneser Schule (s. S. 38), z. B. von den Vettern Caracci, da Carpi, Reni, Guercino und Crespi. Über dem Balkon an der Außenfassade des Gebäudes thronte im 13. Jh. eine goldene Statue von Papst Bonifatius VIII., die man heute im Museo Civico Medievale 7 besichtigen kann. Noch vorhanden ist eine Statue der Madonna mit Kind von **Niccolò dell'Arca** aus dem 15. Jh. Von Alexander Menganti aus dem 16. Jh. stammt die Statue von **Papst Gregor XIII.**, der 1582 den noch heute gültigen Gregorianischen Kalender einführte.

Im **hinteren Innenhof** unter den Arkaden steht die ehemalige Zisterne. Hier ließ der päpstliche Legat im Mittelalter eine **Grünanlage** (Viridarium) anlegen, in der Ulisse Aldrovandi 1568 den ersten Botanischen Garten

San Petronio und Bologna

Jedes Jahr am 4. Oktober wird der Stadtheilige Bolognas, **San Petronio,** mit einer Prozession gefeiert. Petronio stammte aus einer wohlhabenden römischen Familie und war von ca. 430 bis 450 Bischof von Bologna. Nach Amtseinsetzung soll er das nach dem Zerfall des Römischen Reiches heruntergekommene Bologna durch umfassende Baumaßnahmen gerettet haben.

Es ist unklar, ob er den Bau des Kirchen- und Klosterkomplexes **Santo Stefano** ⑯ nach dem Modell der Grabeskirche in Jerusalem in Auftrag gab. Allerdings spürten Benediktinermönche um 1141 im Kloster Petronios Gebeine auf. Schließlich errichtete man ihm zu Ehren die Basilica di San Petronio ⑤, wo heute seine Reliquien aufbewahrt werden.

Der Wohltäter und Beschützer der Stadt wird meist mit einem Modell des mittelalterlichen Bologna in der Hand dargestellt, aus dem zahlreiche Geschlechtertürme aufragen. Eine solche Darstellung von Petronio entdeckt man z. B. in einer Skulptur am Hauptportal der Basilica, in mehreren Kunstwerken im Gebäude bzw. im Museum der Kirche und in Gemälden in der **Pinacoteca Nazionale** ㉔, z. B. von Lorenzo Costa und Francesco del Cossa.

der Stadt gründete, der später nach Nordosten verlegt wurde (s. S. 89).

Am Eingang zur heutigen Multimediabibliothek **Salaborsa** gegenüber vom Neptunbrunnen befindet sich eine Gedenkwand für Bologneser Partisanen, die im Zweiten Weltkrieg von Faschisten getötet wurden. Man betritt einen **Innenhof**, der im 19. Jh. mit einer wunderschönen Kuppel aus Glas und Stahl überdacht wurde, die viel Licht hineinlässt. Der Glasboden im Untergeschoss der Bibliothek erlaubt den Blick auf Überreste der römischen Stadt Bononia (ca. 189 v. Chr.) und mittelalterliche Funde. Man kann direkt in die Ausgrabungen hinuntersteigen und dort auf einem Steg herumspazieren.

› **Collezioni Comunali d'Arte,** Piazza Maggiore 6, Tel. 0512193998, www.museibologna.it, geöffnet: Di, Do 14–19, Mi, Fr 10–19, Sa, So, Fei 10–18.30 Uhr, Eintritt: Erw. 8 €, erm. 5 € (18–24-Jährige, Rentner und Besitzer der Bologna Card), Kinder unter 18 Jahren, Studenten und Behinderte frei. Der Besuch des Glockenturms ist im Preis eingeschlossen, Zugang über den Sala Farnese, Di–Do 10–18.20, Fr–So 10–20.20 Uhr.

› **Biblioteca Salaborsa,** Piazza del Nettuno 3, Tel. 0512194400, www.bibliotecasalaborsa.it, Ausgrabungen Sept.–Juli Mo 14.30–20, Di–Fr 10–20, Sa 10–19, Aug. Mo–Fr 14–19 Uhr, Eintritt: frei (Spenden erwünscht)

⑤ Basilica di San Petronio ★★★ [E5]

Die Südseite der Piazza Maggiore wird von der Basilika eingenommen, die dem Stadtheiligen gewidmet ist. Die 1390 als gotischer Backsteinbau unter Antonio di Vincenzo begonnene Kirche hat bis heute eine unfertige Fassade.

Das Hauptportal (Porta Magna) mit Szenen aus dem Alten Testament von 1452 stammt von **Jacopo della Quer-**

Die Fassade der Basilica di San Petronio ist bis heute unfertig

cia (1425–1438). 1514 wollte man die Kirche grandios ausweiten – sie sollte größer werden als der Petersdom in Rom. Papst Pius IV. verweigerte hierfür jedoch die Geldmittel. Stattdessen steckte man das Geld in den Bau des Universitätsgebäudes Archiginnasio ⓮. So wurde zwar die untere Hälfte der Kirche mit Marmor verkleidet, aber der obere Teil besteht noch immer aus Backstein. 1530 wurde in der Basilika letztmalig ein Kaiser des Heiligen Römischen Reiches, nämlich Karl V., gekrönt.

Beim Betreten des **Innenraums** offenbart sich ein Langhaus von 132 m Länge, 58 m Breite und 44 m Höhe. Die **Monumentalorgel** stammt aus dem Jahr 1471 und ist die älteste ihrer Art in der Welt. Wer nach unten blickt, entdeckt die in den Boden eingelassene Mittagslinie (Meridian) des Astronomen Cassini aus dem 17. Jh. mit den Symbolen der Sternzeichen.

Die 22 Kapellen einflussreicher Familien sind mit Fresken und Statuen verschiedener Künstler verziert, so auch die **Cappella dei Re Magi.** Sie war die Privatkapelle der Bolognini-Familie und zeigt eine Darstellung von Dantes „Inferno" von **Giovanni da Modena** (1420–1420). Auf dem unteren Teil des Bildes sieht man den Menschen fressenden Luzifer, dem zu Füssen auch der Prophet Mohammed auf das jüngste Gericht wartet.

Mein Tipp

Museo Lucio Dalla

Biegt man westlich vom Palazzo dei Notai in die Via d'Azeglio ein, steht man bald vor der Hausnummer 15, wo der italienische **Liedermacher Lucio Dalla** (s. S. 107) wohnte. Jeden Abend um 18 Uhr, nachdem die Turmuhr des Palazzo d'Accursio ❹ die Stunde geschlagen hat, erklingt hier einer seiner bekannten Songs aus einem Lautsprecher. Wo der Balkon seiner Wohnung auf die Piazza de' Celestini blickt, sieht man den aufgemalten Schatten des Saxofon spielenden Liedermachers an der Hauswand.

M1 [D5] **Museo Lucio Dalla,** Via M. D'Azeglio 15, Tel. 051273525, www.fondazioneluciodalla.it, Eintritt: Erw. 15 €, erm. 10 €, nur mit geführter Tour, jeweils Fr, Sa, genaue Daten und Buchung siehe www.bolognawelcome.com

Aufgrund des Gemäldes planten radikale Islamisten bereits mehrfach Anschläge auf die Kathedrale, die allerdings vereitelt wurden. Heute wird sie daher ständig von bewaffneten Garden bewacht.

Im **Museum** der Basilika sieht man Kirchenschätze und Kunstwerke sowie Originalentwürfe für den Monumentalbau, der nie realisiert wurde.

Die **Terrazza** ist eine Aussichtsplattform in 54 m Höhe, von der man einen guten Blick auf die Dächer der Innenstadt hat (Zugang über Lift oder Stufen).

Westlich der Basilika steht der viereckige, von Dachzinnen gekrönte **Palazzo dei Notai**, der Ende des 13. Jh. entstand. Schreibfedern auf seinem Wappen an der Fassade deuten auf seine Funktion als Sitz der Notargilde hin. Heute befinden sich hier städtische Büros.

› Piazza Galvani 5, 40124 Bologna, Tel. 051231415, www.basilicadisanpetronio.org, geöffnet: täglich 8.30–13.30, 15–18.30 Uhr, Cappella dei Re Magi tgl. 9–13, 15–18, Museum Di–Sa 10–12.30, 14.30–17.30, So 14.30–17.30 Uhr, Terrazza (Eingang Piazza Galvani) täglich 10–13, 15–18.30 Uhr, Eintritt: Kathedrale und Museum frei, Foto-Ticket 2 €, Cappella dei Re Magi 5 €, Terrazza 5 €

6 Cattedrale Metropolitana di San Pietro ★★ [E4]

Die **Via dell'Indipendenza** verläuft von der Piazza Maggiore in Richtung Norden bis zum Bahnhof. Die Einkaufsstraße mit Boutiquen, Geschäften und Restaurants entstand Ende des 19. Jh. als Verbindungsachse vom Bahnhof in die Stadt.

Gleich auf der Ostseite erhebt sich die Kathedrale Bolognas, die auch der Sitz des Erzbischofs ist. In den Fundamenten der **Cattedrale Metropolitana di San Pietro** hat man die Überreste einer Rundkirche aus dem 11. Jh. gefunden, wahrscheinlich stand hier aber schon in frühchristlicher Zeit ein Gotteshaus.

1582 wurde die Kirche von Papst Gregor VIII. zur Kathedrale geweiht. Die heutige Kirche, einschließlich Fassade und Portal, stammt weitgehend aus dem 17. und 18. Jh. und weist eine üppige barocke Innenausstattung auf. Im **Kirchenmuseum** kann man die Schätze der ehemaligen Bischöfe bewundern.

Ein Highlight ist der Aufstieg auf den Glockenturm, den **Campanile**, mit 70 m Höhe der zweithöchste Turm der Stadt. Hier oben kann man neben der Aussicht auch die 3300 kg schwere größte Glocke der Stadt bewundern.

Auf der Südseite des Gebäudes weist der **Palazzo Arcivescovile**, der angegliederte Sitz des Erzbischofs in der Via Altabella, die höchsten Arkaden Bolognas auf, deren Bögen ca. 10 m in die Höhe ragen.

› **Cattedrale Metropolitana di San Pietro**, Via dell'Indipendenza 9, Tel. 051222112, www.bolognawelcome.com, geöffnet: Mo–Sa 7.15–19, So 8–19 Uhr, Eintritt: frei

› **Campanile**, Via Altabella 6, Sa, So 14–16.30 Uhr, Eintritt: 5 €

7 Museo Civico Medievale (Mittelaltermuseum) ★★ [D4]

Das Museum im Palazzo Ghisilardi Fava aus dem 15. Jh. befindet sich fast gegenüber der Kathedrale in einer Seitenstraße. Schon der **mittelalterliche Innenhof** mit seinen Arkaden und Balustraden, über den man das Museum betritt, ist sehenswert.

In dieses Museum wurden **Statuen** und **Kunstwerke** der hiesigen Palazzi ausgelagert, so z. B. die Skulptur von Papst Bonifatius VIII. und das Modell für die Neptunstatue. Außerdem sieht man u. a. Renaissanceskulpturen, z. B. von Jacopo della Quercia, und Kirchenschätze der Stadt, u. a. aus dem Kloster San Domenico.

› **Museo Civico Medievale,** Via Manzoni 4, Tel. 0512193930, www.museibologna.it/arteantica, geöffnet: Di, Do 10–14, Mi, Fr 14–19, Sa, So 10–19 Uhr, Eintritt: 6 €, erm. 3 € (über 65 Jahre und von 18–25 Jahren), jeden ersten Sonntag im Monat Eintritt frei

8 Basilica di San Francesco ★ [C4]

Ein Abstecher nach Westen über die Via Ugo Bassi führt zu der **Klosteranlage aus dem 13. Jh.** Sie entstand auf Ruinen des römischen Bononia, nachdem Franz von Assisi 1222 Bologna besucht hatte.

Das **Innere der Kirche** mit ihrem Rundturm, zwei Glockentürmen und externen Apsisbögen, die zwischen 1251 und 1263 entstand, ist ein gutes Beispiel für französische Gotik in Italien. Der **Marmoraltar** ist ein Werk der Venezianer Künstler Jacobello und Pier Paolo dalle Masegne aus den Jahren 1388 bis 1393. Im Südflügel befindet sich der Gedenkstein für den späteren Musikdirektor der Accademia Filarmonica (s. S. 83), **Giambattista Martini,** der 1784 verstarb. Bereits mit 19 Jahren wurde er Kapellmeister der Basilika.

Unter Napoleon wurde die Basilika 1796 entweiht und als Truppenbaracke genutzt, viele Kunstwerke wurden gestohlen oder zerstört. Erst 1886 wurde das Gotteshaus an den Franziskanerorden zurückgegeben.

Von besonderem historischen Interesse sind die **Glossatorengräber,** auf Stelzen bzw. Podesten aufgebahrte, überdachte Sarkophage vor der Kirche. Hier ist unter anderem der **Rechtsgelehrte d'Accursio** (1182–1263) beigesetzt. **Glossen** waren Randbemerkungen, die eine genaue Deutung der klassischen römischen Gesetzestexte erlaubten. D'Acccursio, ein Rechtsdozent an der Universität, verfasste aus diesen Randbemerkungen das Standardwerk „Glossa ordinaria", das noch Jahrhunderte später benutzt wurde.

› Piazza Malpighi 9, Tel. 051221762, www.sanfrancescobologna.org, geöffnet: tgl. 6.45–12, 15.30–19 Uhr

9 MAMbo (Museo d'Arte Moderna di Bologna) und Museo Morandi ★★★ [C2]

Das Museum für Moderne Kunst ist im Kulturviertel Manifattura delle Arti angesiedelt. Hier wurde in ehemaligen Industrieanlagen rund um den einstigen Hafen von Bologna ein Kulturpark geschaffen. Vom 16. bis 19. Jahrhundert säumten zahlreiche Manufakturen das Hafengebiet. Viele davon beheimaten heute Kultureinrichtungen.

In einer ehemaligen Tabakfabrik ist die **Cineteca di Bologna** (s. S. 27) untergebracht, während die alte Papiermühle von der **Fakultät für Kunst, Musik und Darstellende Kunst (DAMS)** bewohnt wird. Am nördlichen Rand des Geländes steht noch der **alte Salzspeicher Salara** aus dem Jahr 1785 und östlich davon sieht man die alte **Brotfabrik** aus dem Jahr 1915, in der heute das **MAMbo** beheimatet ist. Hier wird in luftigen Räumen moderne italienische Kunst von der Nachkriegszeit bis heute ge-

Bolognas Kanäle und die Seidenindustrie

Auf den ersten Blick erscheint Bologna nicht gerade wie eine wasserreiche Stadt, denn in der Stadtmitte erspäht man weder einen zentralen Fluss noch andere offene Gewässer. Der Eindruck täuscht jedoch, denn ein fast 60 km langes Netz von Wasserwegen verläuft quer durch die Stadt, allerdings bleibt es weitgehend im Untergrund und tritt nur noch an wenigen Stellen an die Oberfläche.

Tatsächlich war Bologna ab dem frühen Mittelalter von **Kanälen** und Wasserwegen derart durchzogen, dass man es als „Klein-Venedig" bezeichnete. Schon zur Zeit der Römer gab es hier schiffbare Wasserwege – nicht umsonst ist der auf dem Neptunbrunnen thronende Meeresgott ein Wahrzeichen der Stadt.

Die Kanäle waren geniale Konstruktionen aus dem frühen 12. Jahrhundert: Mithilfe eines hydraulischen Systems von Schleusen und Kanälen leitete man damals Wasser aus den benachbarten Flüssen Reno im Westen und Savena im Südosten in die Stadt um. Der einzige natürliche Wasserlauf in Bologna ist der Bach **Aposa,** der noch heute unterhalb der Altstadt fließt. Der **Canale di Reno** wurde bereits ab dem 12. Jahrhundert durch eine große Schleuse bei Casalecchio gespeist. Alle Kanäle mündeten im Nordwesten der Stadt in den **Canale Navile,** der dann etwa 40 km flussabwärts wieder in den Reno zurückfloss. Der Reno war bis zum 18. Jahrhundert noch durchgängig mit dem Po verbunden, sodass man direkt mit den Häfen an der Adria bis nach Venedig verbunden war. Der Aposa wurde durch den **Canale delle Moline** verlängert und ebenfalls mit dem Canale Navile verbunden.

Das Wasser trieb Hunderte von Mühlen an, die den Reichtum der Stadt

010bo ©Roman Sigaev, stock.adobe.com

begründeten. So reihten sich am Canale delle Moline Getreidemühlen aneinander, die die Stadt mit Mehl versorgten, an anderer Stelle fanden sich Färbereien und Papierfabriken. Für neugierige Augen unsichtbar waren jedoch die **Seidenmühlen,** deren wasserbetriebene Spinnmaschinen als Industriegeheimnis gut gehütet wurden. Von außen waren die Spinnereien mit einer normalen Hausfassade (ohne Fenster) getarnt, während kleine Seitenkanäle das Wasser zu den Mühlen im Innern umleiteten.

Obwohl Seide auch anderswo in Norditalien gesponnen wurde, gelangte Bologna durch die revolutionäre technologische Innovation eines gewissen Bolognino di Barghesano im Jahr 1341 an die Vorfront. Er erfand eine Seidenhaspel- und Zwirnmaschine, die durch Wasserantrieb Seidenfäden maschinell fertigen und die Arbeit von bis zu 4000 Spinnerinnen verrichten konnte. Ein Jahrhundert später hatte man die Technik weiterentwickelt und Bologna wurde zu einem der führenden Seidenproduzenten in Europa. Die so ersponnenen Fäden hatten eine sehr hohe Qualität und waren im Ausland gefragt, zudem hatten sich bis dahin weiterverarbeitende Industrien wie Seidenwebereien und Kleiderfabrikanten entwickelt, mit denen man die Fäden gleich vor Ort verarbeitete und die fertigen Produkte dann exportierte. Den Nachbau einer Bologneser Spinnmaschine, einer sogenannten **Seidenfilande,** wie sie damals in Betrieb waren, kann man heute noch im **Museo del Patrimonio Industriale** (s. S. 69) besichtigen. Hierhin gelangt man z. B. auf einem Spazier- und Radweg entlang des alten Canale Navile (s. S. 89).

Innerhalb der Altstadt weist heute fast nichts mehr auf die verzweigten Wasserwege von damals hin. Der Canale di Reno verläuft unterirdisch unterhalb der Via Riva di Reno. Nördlich von dort, auf dem Parkgelände des heutigen Kulturzentrums **Manifattura delle Arti** (s. S. 23), erstreckte sich noch bis ins frühe 20. Jahrhundert der Hafen Bolognas, im Mittelalter einer der größten Flusshäfen Italiens. Wandert man von der Manifattura delle Arti auf der Via Minzoni in Richtung Osten, gelangt man zum Giardino della Montagnola. Östlich davon, in der **Via Capo di Lucca Nr. 10,** stehen noch Gebäude des einstigen Müllerviertels. Südlich von ihm, zwischen der Via Oberdan und der Via dell'Indipendenza, eröffnet sich in der **Via Piella** eine Aussicht auf das „venezianische Bologna". Hier blickt man auf ein Stück des versteckten Canale di Reno, der aufgrund eines künstlichen Gefälles durch Staustufen noch heute lustig vor sich hinplätschert.

Obwohl an vielen Stellen, z. B. an der Piazza Minghetti, Falltreppen und Türchen zu den Wasserwegen führen, sind diese aus Sicherheitsgründen heutzutage nicht mehr zugänglich. Es gibt allerdings Pläne, die Kanäle in Zukunft für Besichtigungstouren zu öffnen. Einzig zu besichtigen ist die Zisterne Valverde, auch genannt Bagni di Mario, südlich der Stadt (s. S. 121). In dem Bau aus dem Jahr 1563 wurde Wasser aufbereitet, um es unterirdisch zum Neptunbrunnen (s. S. 16) weiterzuleiten.

◁ *Im Mittelalter war Bologna von Kanälen wie dem Canale di Reno durchzogen und machte Venedig Konkurrenz*

zeigt. Darunter sind Werke von Künstlern der Bewegung Arte Povera der 1960er-Jahre, abstrakte Kunst der Gruppe Forma 1 und Arbeiten zeitgenössischer italienischer und internationaler Künstler.

KURZ & KNAPP

Erdbeben

Bologna fällt in eine **Kategorie niedriger seismischer Aktivität** und zählt nicht zu den primär durch Erdbeben gefährdeten Gebieten in Italien. Es gibt hin und wieder kleinere Beben, die kaum spürbar sind. Am 20. Mai 2012 kam es jedoch zu einem **Beben in Medolla,** ca. 35 Kilometer nördlich von Bologna, bei dem sieben Menschen starben und Gebäude zu Schaden kamen. Ein erneutes Beben am 29. Mai in der Nachbarstadt **Mirandola** kostete 29 Menschenleben und wurde in ganz Norditalien registriert. Bei dem Beben wurde u. a. einer der Türme des Castello Estense 31 in Ferrara beschädigt und auch Teile des Palazzo Comunale 4 in Bologna wurden in Mitleidenschaft gezogen.

In dem Komplex ist auch das **Museo Morandi** zu finden. Giorgio Morandi (1890–1964) studierte an der Akademie der Schönen Künste und verbrachte sein ganzes Leben in Bologna. Der Maler ist heute besonders bekannt für seine nüchternen Stillleben und gilt als ein Vorreiter des Minimalismus.

An den ehemaligen Hafen erinnert ein kühlendes Wasserbecken, rundherum erstreckt sich der **Parco Cavaticcio.** Südlich schließt sich der Parco 11 Settembre 2001 an.

› **MAMbo (Museo d'Arte Moderna di Bologna) und Morandi Museum,** Via Don Minzoni 14, Tel. 0516496611, www.mambo-bologna.org, geöffnet: Di, Mi 14–19, Do 14–20, Fr–So, Fei 10–19 Uhr, Eintritt: 6 €, erm. 4 € (über 65 J., von 18–25 J.), Morandi Museum Eintritt frei

Das MAMbo 9 befindet sich in der renovierten Fabrikanlage Manifattura delle Art

Mein Tipp

Cineteca di Bologna

Die **Cineteca di Bologna** in der Via Riva di Reno ist mit mehr als 40.000 Filmkopien eines der größten Filmarchive Europas. In der zugehörigen **Biblioteca Renzo Renzi** hat man Zugang zum Filmerbe aus 37 Ländern. Darunter befinden sich ca. 18.000 Archivfilme von den Anfangszeiten des Kinos bis heute, daneben Fotos und Textmaterial, Plakate, Soundtracks, etc. Bereits in den 1960er-Jahren beschloss die Stadt Bologna, das filmische Erbe der Region Emilia-Romagna zu bewahren: Fast alle einschlägigen Regisseure des neorealistischen Films stammten aus der Gegend, so z. B. Pier Paolo Pasolini (Bologna), Michelangelo Antonioni (Ferrara), Bernardo Bertolucci (Parma), Federico Fellini (Rimini). Die alten Filme werden katalogisiert, restauriert und digitalisiert, um sie dem Publikum wieder zugänglich zu machen. In den Genuss der Filme kommt man z. B. im hauseigenen Kino **Cinema Lumière,** das in einem Gebäudekomplex nahe dem MAMbo ⑨ untergebracht ist. Ein Muss für Filmfans ist das alljährliche Filmfestival **Cinema Ritrovato** Ende Juni bis Anfang Juli (s. S. 91), bei dem sich die Piazza Maggiore ① in ein Open-Air-Kino verwandelt und eine Auswahl an Archivfilmen gezeigt wird.

› **Cineteca di Bologna,** www.cinetecadibologna.it/en/

B2 [C2] **Biblioteca Renzo Renzi,** Via Azzo Gardino 65/b, www.cinetecadibologna.it/biblioteca, Di–Fr 13.30–19.30, Sa 11–17 Uhr

K3 [C2] **Cinema Lumière,** Via Azzo Gardino 65, Tel. 0512195311, www.cinetecadibologna.it/en/lumiere, Programm: https://programmazione.cinetecadibologna.it

› **Cinema Ritrovato Festival,** https://festival.ilcinemaritrovato.it/en

Altstadt Ost

Südlich und östlich von der Piazza Maggiore bewegt man sich durch die mittelalterliche Geschichte Bolognas. Hier befinden sich einige der ältesten Gebäude und Plätze der Stadt, vom alten Markt im Viertel Quadrilatero, wo bereits zur römischen Zeit Markt abgehalten wurde, über den Complesso di Santo Stefano aus dem 5. Jh. bis hin zu Westeuropas ältester Universität Archiginnasio.

⑩ Quadrilatero – das Marktviertel ★★★ [E5]

Die Ostseite der Piazza Maggiore wird von den Arkaden vor dem Palazzo dei Banchi bestimmt. Im Mittelalter bauten hier die Geldwechsler und Kreditgeber ihre Stände auf. Während der Renaissance entstanden die eleganten, Pavaglione genannten Arkadengänge, in denen die feine Gesellschaft flanierte. Dahinter erstreckt sich über mehrere Gassen das ehemalige Marktviertel Quadrilatero.

Im Mittelalter boten die Handwerksgilden im Quadrilatero ihre Waren an und noch heute bauen die Ladenbesitzer ihre Auslagen vor den Geschäften auf. Neben einem **Frischemarkt** in der Via Pescherie Vecchie [E5] (Mo–Sa 7–14 Uhr) gibt es z. B. Delikatessgeschäfte, feine Boutiquen und Gastronomiebetriebe.

Die Namen der Gässchen geben Aufschluss über die **Zünfte,** die hier einst ihren Sitz hatten, so die Via Pescherie Vecchie (Fischereiprodukte) oder Via Drapperie (Weber und Schneider). In der Via Clavature findet man auf drei Etagen den modernen **Mercato di Mezzo** mit Gourmetimbissen, die Spezialitäten aus Italien und der Emilia-Romagna anbieten.

012bo-nh

Auch im Buchladen Librerie Coop Ambasciatori (s. S. 87) kann man bei Regen gemütlich essen und trinken sowie Spezialitäten einkaufen.

Das Viertel ist auch abends belebt, dann werden die Außenterrassen der Delikatessgeschäfte und Bars zu beliebten Treffpunkten und es entsteht fast noch mehr Gedränge als tagsüber.

4 [E5] **Mercato di Mezzo** €-€€, Via Clavature 12, Tel. 051228782, Facebook, geöffnet: tgl. 9–24 Uhr

Frischemarkt (s. S. 27) in der Via Pescherie im Quadrilatero 10

11 Palazzo della Mercanzia ★ [E5]

Antonio di Vincenzo, der auch die Basilica di San Petronio 5 erschuf, war von 1384 bis 1391 für den Bau des Zollhauses verantwortlich, in dem später die Zünfte ihren Sitz hatten.

Das **gotische Backsteingebäude** an der Piazza della Mercanzia mit Arkaden und einem mit Baldachin versehenen Balkon beherbergt seit 1811 die **Bologneser Handelskammer.** Dort werden heute die authentischen **Rezepte für Bologneser Spezialitäten** aufbewahrt, so z. B. für Ragù bolognese, Tagliatelle und Tortellini, die hier erfunden wurden.

Von dem Balkon des Gebäudes wurden früher Dispute zwischen Händlern geschlichtet, schon im Mittelalter gab es übrigens ein Berufungsgericht. An der Mauer, die auf die Via Castiglione zeigt, ist ein Stein mit einer Inschrift aus dem 15. Jh. eingelassen: Er garantierte die **Steuerfreiheit für Studenten,** die einen hohen Status hatten und daher Sonderprivilegien genossen.

› Piazza della Mercanzia 4, Tel. 0516093111, www.bo.camcom.gov.it, geöffnet: Mo–Fr 8.30–13 Uhr. Es kann nur die Eingangshalle besucht werden.

12 Chiesa di Santa Maria della Vita ★★ [E5]

Mitten im Gewühl der Via Clavature ist diese **ehemalige Klosterkirche** heute Teil des Rundgangs **Genus Bononiae** (s. S. 31). Die Kirche der Flagellati (Geißelorden) mit angeschlossenem Hospital wurde gegen Ende des 17. Jh. komplett umgestaltet und erstrahlt innen in gleißendem Barock. Von überschwänglich bemalten Kuppeldächern bis zur Figurengruppe Oratorio dei Battuti aus dem

Jahr 1463 von **Niccolò dell'Arca** gibt es viel zu sehen.

Die Hauptattraktion ist jedoch eines der Meisterwerke italienischer Bildhauerei, **Compianto del Cristo Morto,** ebenfalls von Niccolò dell'Arca. Die ausdrucksstarke Figurengruppe aus Terrakotta, die Mitte des 15. Jh. entstand, zeigt das Wehklagen Marias und der Jünger über den Tod Christi. In der für ihre Zeit sehr modern wirkenden Darstellung scheinen die Emotionen und Bewegungen gleichsam eingefroren. Daneben gibt es thematische Ausstellungen.

› **Chiesa di Santa Maria della Vita,** Via Clavature 8–10, www.genusbononiae.it/en, geöffnet: Di–So 10–19 Uhr, Eintritt Erw. 4 €, erm. 2 €, Kinder unter 5 Jahren und mit Genus-Bononiae-Ticket (s. S. 31) frei

13 Museo Civico Archeologico (Archäologisches Museum) ★★ [E5]

Von der Piazza Maggiore gelangt man in südlicher Richtung zum Palazzo Galvani aus dem 15. Jh., an dem sich das archäologische Museum der Stadt befindet. Bereits 1881 gegründet, ist es eines der wichtigsten archäologischen Museen Italiens. Besonders interessant sind die Funde aus der **Frühzeit der Region,** z. B. aus der eisenzeitlichen Villanova-Kultur, und Funde aus dem Zeitalter der **etruskischen Stadt Felsina** mit Grabbeigraben, die auf dem Friedhof von Certosa gefunden wurden. Auch Artefakte aus dem **römischen Bononia** sind ausgestellt. Das Museum beherbergt zudem eine der größten Sammlungen **ägyptischer Artefakte** in Italien sowie **griechische, römische und byzantinische** Funde, u. a. aus dem sizilianischen Magna Graecia.

› Via dell'Archiginnasio 2, Tel. 0512757211, www.museibologna.it/archeologicoen, geöffnet: Mo, Mi–Fr 9–19, Sa, So, Fei 10–20 Uhr, Eintritt: 6 €, 18–25 Jahre und ab 65 Jahren 3 €, jeden ersten Sonntag im Monat Eintritt frei

14 Archiginnasio – historische Universität ★★★ [E5]

Die Alma Mater Studiorum wurde bereits 1088 von einer Studentengilde gegründet und gilt als die älteste Universität Westeuropas. Der Beiname Bolognas, „La Dotta" („Die Gelehrte"), geht nicht zuletzt auf diese Lehranstalt zurück. Das erste Studienfach waren die Rechtswissenschaften, nachdem der Rechtsgelehrte Irnerio (Wernerius) die sogenannte Glossatorenschule (s. S. 23) ins Leben gerufen hatte.

Bis ins 16. Jh. hinein fand der Unterricht in angemieteten Räumen statt. Auch die beiden Kirchen San Francesco 8 und San Domenico 25 waren Anlaufpunkte für Studenten, die damals durch ihre Gebühren das Gehalt der Scholaren, also ihrer Lehrer, selbst bezahlten.

KURZ & KNAPP

Luigi Galvani

Auf der Piazza Galvani [E5] steht eine **Statue des Physikers Galvani** (1737–1798). Im Jahr 1780 entdeckte der Wissenschaftler an der hiesigen Universität im Rahmen seiner Experimente zur „tierischen Elektrizität" an Froschschenkeln per Zufall den **Galvanismus,** die Muskelkontraktion durch elektrischen Strom. Die Statue für den Bologneser Physiker, dessen Entdeckungen den Grundstein für die spätere Elektrophysiologie bildeten, wurde 1879 aufgestellt.

Das Gebäude des Archiginnasio, gebaut 1562–1563 vom Architekten **Antonio Morandi** (genannt Terribilia), wurde zum ersten festen Sitz der Lehranstalt. Es beheimatete zwei Fakultäten, eine für Rechtswissenschaften und eine für Natur- beziehungsweise Humanwissenschaften wie Medizin, Mathematik, Philosophie und Logik. Decken und Wände des Atriums, der oberen Gänge, Treppen und Säle werden von den **Familienwappen** der illustren Professoren und Studenten beziehungsweise Studentenvereinigungen geziert. Schon allein mit dem Betrachten dieser fantasievollen Wappen kann man Stunden verbringen. Es ist nicht verwunderlich, dass die Studenten und Professoren damals solche Ehrungen erhielten, denn sie brachten nicht nur internationale Anerkennung für die Lehranstalt, sondern auch bare Münze in die Stadt, schließlich mussten sie verköstigt, gekleidet und beheimatet werden. Hiervon profitierten die Handwerksgilden, was wiederum zum **allgemeinen Wohlstand** beitrug.

Die Namensliste der **Absolventen** des international renommierten Instituts reicht von Thomas Becket über Erasmus von Rotterdam und Kopernikus bis zu Dante Alighieri und Carlo Goldoni.

Zu besichtigen ist auch das **Teatro Anatomico**, der alte Anatomiesaal aus dem Jahr 1637, der wie ein Amphitheater angelegt ist. Der Saal der Mediziner weist u. a. zwei aus Holz geschnitzte Statuen „ohne Haut" auf, die einen kleinen Baldachin stützen. Er wurde im Zweiten Weltkrieg stark zerstört und aus den Trümmern rekonstruiert, was eine kleine Fotodokumentation belegt. Dagegen war der reich mit Buchregalen und Wappen ausgestattete **Stabat-Mater-Hörsaal** einst Sitz der Juristen. Er erhielt seinen heutigen Namen, nachdem das gleichnamige Werk Gioachino Rossinis (s. S. 106) hier aufgeführt worden war.

Bis 1803 verblieb die Universität im Archiginnasio, bevor man in den Palazzo Poggi 23 umzog. Heute beheimatet das Gebäude zudem die mit Fresken und antiken Buchschränken ausge-

Die Wissenschaftlerin Laura Bassi

1732 war die Universität von Bologna die erste akademische Lehranstalt in Europa, die eine Professur an eine Frau vergab. Die hochbegabte Bologneserin Laura Bassi (1711–1778) wurde zunächst Ehrenmitglied der Akademie für Wissenschaften und promovierte 1732 in Philosophie.

Noch im selben Jahr erhielt sie den Lehrstuhl für Naturphilosophie (d. h. Physik) an der Universität. Leider durfte sie nur wenige Vorlesungen halten, da diese jedes Mal vom Magistrat genehmigt werden mussten. Damit die Studenten nicht von ihrer Weiblichkeit abgelenkt wurden, musste sie dabei außerdem hinter einem Vorhang sitzen.

Ihr ganzes Leben lang stritt Bassi gegen diese Ungleichheiten zwischen männlichen und weiblichen Lehrkräften. Sie unterhielt wissenschaftliche Zirkel und korrespondierte mit namhaften Scholaren ihrer Zeit von Volta bis Voltaire.

Im Anatomiesaal des Archiginnasio 14 wird ihre Promotionsurkunde ausgestellt. Die dortige Bibliothek bewahrt mehrere ihrer Abhandlungen zu Themen wie Mechanik, Hydraulik und Mathematik auf.

013bo-nh

Der restaurierte Anatomiesaal im Archiginnasio 14

stattete **Biblioteca Comunale di Archiginnasio** mit einem großen Schatz an antiken Manuskripten und seltenen Büchern (Eintritt zur Bibliothek nur mit Lese- oder Studentenausweis).

› Piazza Galvani 1, Tel. 051276811, www.archiginnasio.it, geöffnet: Mo–Sa 10–18 Uhr, Eintritt: 3 €, Kinder und Jugendliche unter 18 Jahren frei

15 Palazzo Pepoli mit Museo della Storia di Bologna ★★ [E5]

Der **Spaziergang „Genus Bononiae"** (s. rechts) beginnt **im Palazzo Pepoli,** wo man einen Überblick über die lange **Entstehungsgeschichte der Stadt** gewinnt – von den Ursprüngen des etruskischen Felsina bis in die Gegenwart, inklusive 3D-Installation. In den thematisch und chronologisch angeordneten Räumen sieht man u. a. Renaissancewerke aus der Sammlung der einflussreichen Familie Bentivoglio, die vom 15. bis zum 16. Jh. die Stadt regierte. Mit dem Bau des Palastes begann die Familie Pepoli im 13. Jh. und bis 1910 war das Haus noch in ihrem Besitz. 2003 entstand das moderne Museum, gefördert durch die Stiftung der italienischen Sparkasse.

› **Palazzo Pepoli,** Via Castiglione 8, 40124 Bologna, Tel. 05119936370, https://genusbononiae.it, geöffnet: Di–So 10–19 Uhr, Eintritt: Sammelticket Genus Bononiae (s. o.)

Mein Tipp

Genus Bononiae

Bononia war der Name, den die Römer Bologna gaben. Unter dem Stichwort „Genus Bononiae" (etwa: „die Menschen von Bononia") kann man bei einem Rundgang durch die Altstadt insgesamt sieben Gebäude entdecken, in denen Geschichte und Kunst aus verschiedenen Epochen gezeigt wird.

Außer dem Palazzo Pepoli 15 sind der Palazzo Fava, die Casa Saraceni sowie die Kirchen Santa Maria della Vita 12, Santa Christina, San Giorgio in Poggiale und San Colomban Teil des Rundgangs.

› **24-Stunden-Sammelticket Genus Bononiae,** https://genusbononiae.it, Erw. 13 €, erm. 11 €, Kinder 6–18 Jahre 5 €

014bo-nh

MEIN TIPP

Corte Isolani

Die Corte Isolani ist eine **kleine überdachte Passage** zwischen der Via Santo Stefano und der Strada Maggiore mit Boutiquen, Kunstgalerien und Gastronomiebetrieben wie dem **Caffè della Corte** (s. S. 74).

Von der Piazza Santo Stefano betritt man die Passage durch das luftige Atrium des **Palazzo Isolani,** der im Jahr 1451 für die Familie Bolognini gebaut wurde. Hat man die modern restaurierte Passage durchquert, steht man auf der **Strada Maggiore,** die einige der ältesten Arkaden und Paläste der Stadt aufweist. Das dortige Portal an der Casa Isolani steht noch auf den mittelalterlichen Holzstelzen und ist eines der bedeutendsten Beispiele romanisch-gotischer Architektur in Bologna.

★5 [F5] **Corte Isolani,** Via Santo Stefano 18/Strada Maggiore 19

16 Complesso di Santo Stefano ★★★ [F5]

Die Ursprünge des verwunschenen Kirchen- und Klosterkomplexes, auch Sette Chiese (Sieben Kirchen) genannt, gehen auf das 4. Jh. zurück. In der Eingangshalle verdeutlicht eine Schautafel, wie über einem römischen Isis-Tempel nach und nach die sieben Kirchen entstanden, die byzantinische, romanische und gotische Elemente vereinen.

Heute spaziert man durch labyrinthartig verbundene Gemäuer und Innenhöfe – allerdings sind nur noch vier Kirchen sichtbar, von den anderen existieren nur noch die Grundmauern. Der Legende nach geht die Anlage auf San Petronio um 430 zurück und sollte eine Nachbildung der heiligen Stätten in Jerusalem darstellen. Dies ist jedoch historisch nicht belegt. Man betritt den Komplex durch die **Chiesa del Crocifisso** aus dem 8. Jh., die auf die Langobarden zurückgeht. Am Westrand des Komplexes steht die älteste Kirche, die **Chiesa di SS Vitale e Agricola.** Sie beheimatet die Gebeine der frühchristlichen Bologneser Märtyrer Vitale und Agricola.

Die Ursprünge der polygonalen Kirche **San Sepolcro** gehen auf das 5. Jh. zurück. Sie ist an den Außenwänden mit mehrfarbigen Mosaiken verziert. Bis ins Jahr 2000 wurden hier die Gebeine von San Petronio (s. S. 20) aufbewahrt. Dahinter schließt sich der Kreuzgang **Cortile di Pilato** aus dem 13. Jh. mit einem langobardischen Taufbecken aus dem 8. Jh. an.

An der Nordseite befindet sich die unfertige **Chiesa della Trinità** bzw. Kalvarienkirche, die unter den Langobarden als Baptisterium genutzt wurde. Danach betritt man den Kreuzgang des heutigen **Benediktiner-**

MEIN TIPP

Pasolinis Geburtshaus

Pier Paolo Pasolini wurde am 5. März 1922 in der Via Borgonuovo Nr. 4, einer Seitenstraße der Strada Maggiore, geboren. Der kontroverse Poet, Publizist und Regisseur erlangte in den 1960er-Jahren durch sozialkritische, neorealistische Filme wie „Mamma Roma" internationale Anerkennung. Die späteren Werke des homosexuellen Künstlers sind sexuell explizit, so z. B. der Film „Il Decameron" nach Giovanni Boccaccios „Decamerone", einem der markantesten und anzüglichsten Werke europäischer Literatur aus dem Mittelalter. Sein letzter Film „Die 120 Tage von Sodom" nach dem Buch des Marquis de Sade ist bis heute in vielen Ländern verboten. Pasolini wurde 1975 von unbekannten Tätern brutal ermordet: Er wurde mit seinem eigenen Auto überfahren.

•6 [F5] **Geburtshaus von Pier Paolo Pasolini,** Via Borgonuovo 4

klosters mit einer Zisterne. Dort ist der Eingang zum **Museum,** wo Statuen und Kunstwerke aus den Kirchen ausgestellt sind.

Der Vorplatz des Complessos, die **Piazza Santo Stefano,** ist von schönen Arkadengängen eingerahmt, die zum Corte Isolani (s. links) führen. Bemerkenswert sind die ausgefallenen Porträtköpfe, die die Fassade über den Kapitellen der Arkadensäulen schmücken.

Während des **Bologna Festivals** (s. S. 90) finden hier klassische Konzerte internationaler Interpreten statt.

› **Complesso di Santo Stefano,** Via Santo Stefano 24, Tel. 0514126177, www.santostefanobologna.it, geöffnet: Di–So 9.30–12.30, 14.30–19 Uhr, Eintritt frei, Spende erwünscht

17 Chiesa di Santa Maria dei Servi ★★ [G5]

Die Chiesa Santa Maria dei Servi entstand von 1346 bis 1389 für den Serviterorden und ist ein schönes Beispiel für **gotische Architektur** in Bologna. Von der Straße aus ist die Kirche kaum sichtbar, denn ihr Vorplatz wurde im 16. Jahrhundert rundum mit Kreuzgängen umbaut, die heute auf zwei Seiten als Arkadengänge zur Straße hin geöffnet sind. Die Fassade ist schlicht, aber im Inneren warten einige **bedeutende Kunstwerke** auf, so z. B. die Madonna auf dem Thron von Cimabue aus dem 13. Jh. und Fresken aus der Zeit vom 14. bis 18. Jh. von Vitale di Bologna, Lippo di Dalmasio etc. sowie Gemälde aus der Bologneser Schule, z. B. von Crespi und Albani.

› Strada Maggiore 43, Tel. 051226807, www.bolognawelcome.com, geöffnet: tgl. 8.30–12.30, 15.30–19 Uhr, Eintritt frei, Spende erwünscht

18 Museo internazionale e biblioteca della musica di Bologna ★★★ [F5]

Dieses einzigartige Museum im Palazzo Aldini Sanguinetti, das in der UNESCO City of Music (s. S. 106) einen besonderen Stellenwert hat, ging aus der Sammlung der international anerkannten Accademia Filarmonica aus dem 17. Jh. hervor. Die Accademia genoss in der internationalen Musikwelt große Anerkennung.

Eine wichtige Rolle in der Geschichte der Institution spielte der **Franzikanerpater Giambattista Martini.** Ab dem

◁ Der Vorplatz des Kirchenkomplexes Santo Stefano ist einer der lauschigsten Orte in Bologna

Jahr 1758 unterrichtete der begabte Musiker in der bereits 1666 gegründeten Akademie und schuf Verbindungen in die ganze Welt. Über die Jahrhunderte besuchten auch viele internationale Künstler wie Mozart, Gluck und Wagner die Musikakademie.

Martini begann **Notenpapiere, Instrumente** und **persönliche Gegenstände** von Musikern zu sammeln, die an der Akademie verkehrten. Heute finden sich hier nicht nur Ausstellungsstücke, die an Bologneser Künstler wie Gioacchino Rossini und Ottorino Respighi erinnern, sondern auch zahlreiches Material über internationale Musiker. Zudem finden Wechselausstellungen statt.

› Strada Maggiore 34, Tel. 0512757711, www.museibologna.it/musica, geöffnet: Di–Do 11–13.30, 14.30–18.30, Fr 10–13.30, 14.30–19, Sa, So, Fei 10–19 Uhr, Eintritt: 5 € (19–65 Jahre), erm. 3 €, jeden ersten Sonntag im Monat Eintritt frei

015bo-nh

19 Museo Davia Bargellini und Museo Civico d'Arte Industriale (Museum für Industriekunst) ★★ [G5]

Das Museum für Industriekunst ist genaugenommen eigentlich ein **Museum für Design des 18. Jh.** und schon der Palazzo selbst, in dem die Schaustücke und Gemälde untergebracht sind, ist sehenswert. Er wurde 1638 für Camillo Bargellini gebaut, 1839 erbte ihn die Familie Davia, die ihn bis 1874 bewohnte. Das große Eingangstor wird von den Statuen zweier riesiger Atlas-Statuen des Bildhauers Gabriele Brunelli flankiert. Innen erhält man einen guten Eindruck vom herrschaftlichen Leben zur Zeit des italienischen Barock. Zu sehen ist eine beeindruckende **Gemälde- und Skulpturensammlung** (Quadreria), z. B. mit Stücken aus der Zeit vom 14. Jh. (z. B. die Pietà von Simone dei Crocifissi) und Familienporträts, die die Barghellinis in Auftrag gaben. Herausragend sind jedoch vor allem die ausgestellten **Dinge des alltäglichen Gebrauchs**, vom Marionettentheater bis hin zur vergoldeten Kutsche aus dem späten 18. Jh.

› **Museo Davia Bargellini und Museo Civico d'Arte Industriale,** Strada Maggiore 44, Tel. 051236708, www.museibologna.it/arteantica, geöffnet: Di–Do 10–15, Fr 14–18, Sa, So, Fei 10–18.30 Uhr, geschl.: Mo (außer Feiertage), Eintritt: frei

‹ Die Due Torri – Torre Garisenda und Torre Asinelli – sind Wahrzeichen der Stadt

Universitätsviertel

Vorbei an den schiefen Türmen Due Torri ⓴, die zu einem Wahrzeichen Bolognas geworden sind, führen mehrere Straßen in den Osten der Stadt. Auf der Via Zamboni gelangt man ins moderne Universitätsviertel, wo sich vor den Fakultäten die Fahrräder stapeln und die Hauswände mit Graffiti, Plakaten und Notizzetteln übersät sind. In den Gassen zwischen der Via Zamboni, der parallel verlaufenden Via delle Belle Arti und der nördlich liegenden Via Marsala spielt sich tagsüber das studentische Leben in Copyshops und Cafés ab. Auch in den Kneipen geht es hoch her.

Die **Piazza Verdi** [F4] ist der Dreh- und Angelpunkt des Viertels: Hier trifft man sich zum Demonstrieren und zum Feiern der Laurea (s.u.). In den Kneipen wird geplaudert oder bis in die frühen Morgenstunden gefeiert. Die Universität beherbergt zahlreiche **wissenschaftliche Museen**, die im weitläufigen **Palazzo Poggi** ㉓ untergebracht sind. Gleich um die Ecke befindet sich die **Pinakothek** ㉔, die Nationalgalerie. In der Via Zamboni 14 [F4] befindet sich noch eines der ehemaligen **Eingangstore des jüdischen Ghettos** (Ghetto Ebraico), in das Papst Paul IV. ab 1555 die Juden der Stadt verbannte.

⓴ Due Torri ★★★ [E4]

Die Due Torri an der Porta Ravegnana sind zu Symbolen der Stadt geworden und seit Jahrhunderten ein Orientierungspunkt für Reisende. Sie waren einst Wachpunkte an der römischen Via Emilia, die etwa dem Lauf der heutigen Strada Maggiore folgte und bis nach Ravenna (s. S. 54) führte. Den Beinamen „La Turrita" erhielt Bologna, da es im Mittelalter hunderte solcher Geschlechtertürme gab (s. S. 36).

Die beiden Türme waren einst durch Stege miteinander verbunden. Der **Torre Asinelli** entstand zwischen 1109 und 1119 und wird der Familie Asinelli zugeschrieben. Er ist 97,2 m

KURZ & KNAPP

Laurea – Diplom auf Italienisch

In Italien feiern die Studenten ihren Diplomabschluss, der Laurea genannt wird, laut und unübersehbar, so auch auf der Piazza Verdi [F4] in Bologna. Die Absolventen müssen sich verkleiden und werden mit einem Lorbeerkranz gekrönt, den sie den ganzen Tag auf dem Kopf tragen. Umringt von Kommilitonen und Freunden müssen dann traditionsgemäß selbstgedichtete Verse aufgesagt werden. Die Zuschauer feuern den Laureaten an, es wird lauthals gesungen und Champagner getrunken.

Bei der Diplomfeier (Laurea) verkleiden sich die Studenten – der Fantasie sind dabei keine Grenzen gesetzt

016bo-nh

hoch und man kann ihn trotz seiner Neigung von 2,23 m über 498 Stufen besteigen und von oben die Aussicht genießen. Sogar **Johann Wolfgang Goethe** erklomm einst die Stufen und lobte danach den Ausblick. Vom 13. bis 16. Jh. diente der Turm als Gefängnis. In Eisenkäfigen wurden dort abtrünnige Kleriker aufgehängt, die man in 20 m Höhe grausam verhungern und verdursten ließ.

Der **Torre Garisenda** hat eine ähnliche Schrägneigung wie sein schiefer Vetter in Pisa, nämlich 3,25 m. Leider kann man ihn nicht besteigen, sondern nur von außen betrachten. Er misst nur 47 m, denn aufgrund der Schräglage wurde er aus Sicherheitsgründen verkürzt.

Die Studenten machen um den Torre Asinelli übrigens einen weiten Bogen, denn es kursiert der Aberglaube,

La Turrita – Stadt der Türme

Einer der vielen Beinamen von Bologna ist „La Turrita" („Stadt der Türme"). Er bezieht sich auf die **Geschlechtertürme,** die im Mittelalter zwischen dem Ende des 11. und der Mitte des 13. Jh. gebaut wurden. Damals sahen Besucher die Stadt vor lauter Türmen nicht, denn es gab an die 180 Stück davon. Meist viereckig und von unterschiedlicher Höhe, bestimmten sie das Panorama. Die Türme entstanden in der Zeit der Auseinandersetzungen der stauferteuen Ghibellinen und der papsttreuen Guelfen. Sie dienten der Sicherheit, waren aber zugleich auch ein Statussymbol: Jede adelige Familie, die etwas auf sich hielt und es sich leisten konnte, errichtete Türme in der Nähe ihrer Palazzi. Dabei baute man oft nicht nur einen, sondern gleich mehrere. Sie dienten als Wachturm, gleichzeitig konnte man durch ihre Höhe und die Besonderheit des Baus die Macht des Familiengeschlechts demonstrieren.

Wie bei vielen Bauwerken in Bologna wurde Selenitstein aus dem Appenin für die massiven Sockel der Türme benutzt. Die Fundamente reichten mehr als fünf Meter tief in den Boden. Nach oben wurden die Bauten wesentlich schlanker, hier benutzte man die damals übliche Schalenbauweise, d. h. es gab eine Innen- und Außenmauer, die mit Mörtel und Steinen gefüllt wurde. In etwa 5 bis 10 Metern Höhe gab es Öffnungen in den Mauern, an denen Holzstege und Balkone angebracht wurden, die den Turm mit den Nachbargebäuden verbanden – allerdings nur mit denen der eigenen Familie oder von Freunden. Im Parterre hatten die Türme keine Eingänge oder Türen. Im Laufe der Jahrhunderte wurden viele Türme instabil und stürzten ein oder wurden abgerissen, denn die Adelsgeschlechter starben aus und niemand wollte sich um die Bauten kümmern. Heute sind nur noch zwanzig der alten Bauwerke erhalten. Meist sind dies Gebäude, die in den Besitz der Stadt übergingen oder die einem anderen Nutzen zugeführt wurden wie die **Due Torri** 20. Wenn man durch die Stadt wandert, steht man manchmal unvermutet vor einem solchen Turm, z. B. dem **Torre Alberici** in der Via Santo Stefano [E/F5], in dessen Sockel heute ein Ladengeschäft untergebracht ist. Der **Torre Prendiparte** (s. S. 123) misst 58,6 m und beherbergt heute eine Ferienwohnung und Pension. Wer sich einmal wie ein Turmherr fühlen möchte und wem Treppensteigen nichts ausmacht, sollte sich hier einquartieren.

dass sie durch ihr Examen rasseln, wenn sie ihn erklimmen.

› **Torre Asinelli,** Piazza di Porta Ravegnana, www.duetorribologna.com, Aufstieg viermal stündlich, alle 15 Minuten, Eintritt: 5 €, ermäßigt 3 €, kein Lift

21 Museo Ebraico di Bologna (Jüdisches Museum) ★ [F4]

Seit 1999 informiert das Museo Ebraico über die **Geschichte der jüdischen Gemeinde** in Bologna. Im 14. Jh. zogen viele Juden in die Stadt, denn die wachsende Metropole benötigte Facharbeiter, v.a. in der Seidenindustrie. Sie siedelten sich in dem Bereich nordöstlich der Piazza di Porta Ravegnana, entlang der heutigen Via de' Giudei (Judenstraße) an. Während der Gegenreformation, als der Kirchenstaat ab 1555 die Herrschaft über Bologna gewann, wurden die Juden dauerhaft in ein Ghetto verbannt, das sich zwischen der Via Zamboni, der Via Masala und der Via Oberdan entlangzog. Es war von einer Mauer umgeben, die nur drei Eingangstore besaß. Das einzige heute noch verbliebene Tor, das von einem Fratzenkopf geziert wird, befindet sich in der Via Zamboni 14 [F4] in einem Torbogen des ehemaligen Palazzo Manzoli-Malvasia.

Bereits ab 1556 wurden die Juden von den Päpsten verfolgt und 1569 dann der Stadt verwiesen. Nachdem sie 1586 zurückkehren durften, wurden sie 1593 dauerhaft verbannt.

In der Via dell'Inferno stand die **Synagoge**, an die noch eine Außentafel erinnert. Gegen Ende des 18. und zu Beginn des 19. Jh. bildete sich eine neue jüdische Gemeinde und in der heutigen Via de' Gombruti 9 entstand eine neue Synagoge. Zur Zeit des Faschismus von 1938 bis 1945 kamen viele Juden durch Verfolgung um und in der gesamten Emila-Romagna blieb nur noch eine kleine Gemeinde bestehen.

Das **Museum** beherbergt eine Bibliothek mit einer Hebraica- und Judaica-Sammlung. Viele jüdische Gräber findet man auf dem Certosa-Friedhof 30.

› Via Valdonica 1/5, Tel. 0512911280, www.museoebraicobo.it, geöffnet: So–Do 10–18, Fr 10–16, geschl.: Sa und jüdische Feiertage, Eintritt: Erw. 7 €, erm. 5 € (Studenten und Senioren über 65 Jahren), Behinderte frei

22 Teatro Comunale ★ [F4]

Das **Opernhaus** Bolognas wurde 1763 eröffnet und im 19. Jh. umfassend restauriert. Der Eingang versteckt sich hinter Arkaden, die die Ostseite der Piazza Verdi bilden. In dem glockenförmigen Auditorium, entworfen von Antonio Bibiena, wurden damals zum Beispiel Opern von Rossini und Bellini gezeigt und 1867 wurde Giuseppe Verdis „Don Carlos" hier uraufgeführt.

Das Haus machte auch als Wagner-Spielstätte von sich reden. Viele italienische Uraufführungen von Wagner-Opern fanden hier statt, denen der Komponist auch selbst beiwohnte. Heute stehen Rossini, Donizetti und Verdi, aber auch moderner Tanz auf dem Spielplan und das Theater hat nichts von seiner Beliebtheit eingebüßt. Kulturprojekte aus neuerer Zeit umfassen Genres von Soul bis Funk, ebenso wie Konzerte für jedermann (Domenica al Communale), die jeweils sonntagmorgens im Foyer Respighi stattfinden.

› Largo Respighi 1, Tel. 051051529019, www.tcbo.it, Ticketverkauf: Di–Fr 12–18, Sa 11–15 Uhr und bei Veranstaltungen

Die Vettern Caracci und die Bologneser Schule

Die Vettern Ludovico (1555–1619), Agostino (1557–1602) und Annibale Caracci (1560–1609) gründeten 1582 die Kunstakademie Accademia degli Incamminati. Neben Kunsthistorie wurden hier auch praktische Techniken gelehrt, zum Beispiel Aktmalerei mit lebenden Modellen, was in Institutionen des Kirchenstaats (s. S. 95) untersagt war. Die Kunstbewegung wurde als Bologneser Schule (Scuola Bolognese di pittura) bekannt. Ihr Stil, der auch andere Maler wie da Carpi, Reni, Lanfranco, Guercino und Crespi beeinflusste, gilt als Vorläufer des italienischen und auch des klassizistischen Barock. Die Caraccis hinterließen zahlreiche Fresken in Kirchen und Palästen Bolognas, die heute entweder noch vor Ort oder in Museen zu bewundern sind.

23 Palazzo Poggi ★★ [G4]

Im Jahr 1711 erwarb die Stadtverwaltung den Palazzo Poggi, der Mitte des 16. Jh. für **Cardinal Giovanni Poggi** gebaut worden war. Hierher zog das im Zuge der Aufklärung neu gegründete **Institut für Wissenschaft und Kunst.** 1741 entstand auch eine neue **Bibliothek.** Ihr Grundstock ging auf eine Spende von Luigi Ferdinando Marsili (1658–1730) zurück, der dem Institut für Wissenschaften seine Sammlung vermachte. Dann folgten weitere Spenden durch Papst Benedikt XIV.

Nach den von Napoleon durchgeführten Reformen wurde der Palazzo zum Hauptsitz der Fakultäten der Universität, die das Archiginnasio 14 endgültig verließen. Die Sammlungen der verschiedenen Fakultäten wurden schließlich in unterschiedliche Museen ausgelagert. Unter Napoleon fanden auch die **Archive der Klöster und Kirchen** hier ein neues Heim. Ihnen wurden die Bücher und Sammlungen des Naturkundlers Ulisse Aldrovandi, Gründer des Botanischen Gartens (s. S. 89), hinzugefügt. Teile davon kann man heute noch in der Ausstellung im Palazzo Poggi besichtigen. Hier sieht man auch Fresken von Pellegrino Tibaldi (1527–1596), die Homers „Odyssee" darstellen.

Heute ist die **Universitätsbibliothek** mit 1,25 Mio. Werken die größte Bibliothek Bolognas und mit der neusten Technik ausgestattet – für jeden Studenten ist der Besuch ein Muss.

Wer sich für wissenschaftliche Themen interessiert, findet Ausstellungen zur Anatomie, Anthropologie, Geologie, Mineralogie, Chemie, Physiologe und Zoologie, die auf dem Campus in der Nähe des Palazzo Poggi verstreut sind. Im historischen Palast selbst, befinden sich zudem noch das **Museo della Specola** im alten Observatorium (272 Stufen) und das **MEUS**, ein Museum über die studentische Geschichte in Europa.

› Via Zamboni 33, Tel. 0512099610, https://sma.unibo.it/en, geöffnet: Di–Fr 10–16, Sa, So, Fei 10–18 Uhr, Eintritt pro Museum: 5 €, erm. 3 € (bis 26 und ab 65 Jahren). Museo della Specola: geführte Touren auf Englisch (5 €), buchbar unter https://ticket.midaticket.it/universitadibologna/Event/5/Dates

Außergewöhnliches Glossatorengrab vor der Basilica di San Domenico

24 Pinacoteca Nazionale ★★★ [G3]

In der Pinacoteca Nazionale sind viele bedeutende Kunstwerke zu sehen, die sich heute im Eigentum der Stadt befinden. Viele davon stammen aus den Kirchen Bolognas, die heute nur noch wenige der einst überreichen Schätze beherbergen, die zur Zeit des Kirchenstaates angehäuft wurden.

Während der **napoleonischen Herrschaft** von 1796 bis 1815 wurden die Klöster geschlossen und Kirchenschätze eingezogen bzw. nach Paris gebracht. Schon ab 1796 begann man jedoch, Werke in private Obhut zu retten. Die heutige Sammlung der Pinakothek setzt sich aus diesem Grundbestand, den später zurückgegebenen entwendeten Werken und späteren Akquisitionen zusammen und umfasst eine Zeitspanne **von Gotik bis Barock.**

In insgesamt 30 Ausstellungsräumen kann man **religiöse Kunst** betrachten, darunter Werke der Frührenaissance von Lorenzo Costa und Francesco Francia, **Werke der Bologneser Schule** (s. S. 38), zum Beispiel von den Caracci-Vettern, Guido Reni und Guiseppe Maria Crespi, aber auch Gemälde von Künstlern wie **Giotto, Raffael, Tintoretto** und **El Greco.**

Zusammen mit der Akademie der Schönen Künste (Accademia di Belle Arti) ist die Pinakothek seit 1808 in dem umgebauten, ehemaligen Jesuitennoviziat **Sant'Ignazio** aus dem 15. Jahrhundert untergebracht.

› Via Belle Arti 56, Tel. 0514211296, www.pinacotecabologna.beniculturali.it, geöffnet: Di, Mi 9–14, Do–So 10–19 Uhr, Eintritt: 6 €, erm. 2 € (18–25 Jahre), Kinder frei

Bolognas Süden

Wandert man vom Altstadtkern südwärts, werden die Straßen etwas ruhiger und die Arkaden sind weniger belebt. Südlich der Ringstraße beginnen die Apennin-Hügel, hier befinden sich einer der beliebtesten Parks, die Giardini Margherita 27, und die Aussichtspunkte bei den Kirchen San Luca 29 und San Michele in Bosco 28.

25 Basilica di San Domenico ★★ [E6]

Die von großen Bäumen umgebene gotische Basilika des Dominikanerordens ist eine Oase der Ruhe inmitten der Stadthektik. Hier kann man im Sommer Schatten finden. Die Kirche entstand im Angedenken an den Gründer des **Dominikanerordens,** Domenico di Guzmán aus Kastilien in Spanien, der um 1200 nach Bolo-

081bo-nh

gna kam und hier verstarb. Sein aufwendiger Sarkophag, der **Arco di San Domenico**, wie der Schrein auch genannt wird, wurde 1264 von Niccolò Pisano begonnen. Die Fertigstellung dauerte allerdings mehrere Jahrhunderte. Unter den Künstlern, die verantwortlich zeichnen, stechen zwei Namen heraus: zum einen Niccolò da Ragusa (1435–1494), der fortan als **Niccolò dell'Arca** bekannt war, zum anderen der junge **Michelangelo** (1475–1564), der die Heiligenstatue von San Petronio am oberen Teil des Schreins fertigte. Ebenfalls von Michelangelo stammt einer der Kerzen haltenden Engel auf der rechten Seite des Altars. Der Kopf des heiligen Domenico wird separat in einem goldenen Reliquienschrein von Jacopo Roseto da Bologna (1383) verwahrt.

Der Innenraum wurde von 1727 bis 1732 von Francesco Dotti restauriert. Damals erwarb man auch Gemälde von Künstlern der Bologneser Schule (s. S. 38) wie Guercino und Lodovico Carracci.

Auf dem Vorplatz der Kirche stehen die aufgebahrten Gelehrtengräber der Universitätsprofessoren Rolandino de' Passeggeri und Egidio Foscherari aus dem 13. beziehungsweise 14. Jahrhundert.

› Piazza San Domenico 13, Tel. 0516400411, www.conventosandomenico.org, Bus Nr. 20 von Via Rizzoli Richtung Casalecchio Marconi, geöffnet: Mo–Sa 9–12, 15.30–18, So 15.30–17 Uhr

MEIN TIPP

Aperitif im Grünen

Das Kulturzentrum **Serre dei Giardini Margherita** veranstaltet im Sommer das Freizeitprogramm **Kilowatt Summer**, u. a. mit Konzerten, Open-Air-Kino und Kinderprogramm. In der nachhaltigen Café-Bar sitzt man direkt zwischen den Pflanzen in den Beeten der ehemaligen kommunalen Gewächshäuser. Die Küche des Cafés verarbeitet regionale Produkte und Biowaren, das Zentrum ist plastikfrei. Außerhalb der Veranstaltungen findet man hier tagsüber eine Oase der Ruhe im Grünen.

•7 [F8] **Serre dei Giardini Margherita** ❀, Via Castiglione 134, https://leserredeigiardini.it, Kulturprogramm Juni–Sept., Café ganzjährig geöffnet: Mo–Fr 8–24, Sa, So 9–1 Uhr

26 Museo Civico del Risorgimento und Museo di Casa Carducci ★ [H6]

Wie viele Städte in Norditalien hat auch Bologna sein eigenes Museum über das **Risorgimento**. Es befindet sich im ehemaligen Wohnhaus des Poeten **Giosuè Carducci**, über dessen Leben im ersten Stock eine Ausstellung zu finden ist. Das Museum gibt einen Überblick über die Ereignisse in und um Bologna zur Zeit des Risorgimento, das mit der Vereinigung Italiens 1861 endete. Zudem gibt es in der Ausstellung noch einen Teil, der sich mit der Zeit des Ersten Weltkriegs beschäftigt.

Das Museum ist Teil der historischen Organisation Storia e Memoria di Bologna, die u. a. auch Führungen über den Certosa-Friedhof 30 veranstaltet.

› Piazza Carducci 5, Tel. 0512196520, www.museibologna.it/risorgimento, Bus Nr. 25 von Salaborsa in Richtung Deposito Due Madonne 2, dann 5 Minuten Fußweg, geöffnet: Di, Do 9–13, Fr 15–19, Sa, So, Fei 10–18 Uhr, Eintritt: Erw. 5 €, erm. 3 € (18–25, über 65 Jahre)

Bologna und das Risorgimento

Napoleon weckte nach seinem Einmarsch in Italien den Hunger nach Reformen. Nach seinem Fall wurden die Freiheitsbestrebungen der Italiener von den Siegermächten im Wiener Kongress von 1814/1815 aber wieder in die Schranken gewiesen. Daraufhin erstarkte eine Widerstandsbewegung gegen die Fremdbestimmung, die schließlich zum **Risorgimento,** dem Kampf für die Einigung der italienischen Provinzen in einem Nationalstaat, führte. Giuseppe Verdis „Chor der Gefangenen" („Va, pensiero") aus der Oper „Nabucco" wurde zur Hymne der Bewegung.

Über die Jahrhunderte hinweg war Italien politisch, gesellschaftlich und geografisch stark zersplittert. Der Norden und der Süden waren voneinander abgespalten und wurden von verschiedenen Stadtstaaten und von internationalen Dynastien regiert. Weite Teile des Landes unterstanden dem Kirchenstaat, darunter auch die Emilia-Romagna. Napoleon gab Bologna, Ferrara und anderen Städten der Region eine neue Unabhängigkeit. Sie bildeten die **Cispadanische Republik,** die 1805 an das napoleonische Königreich Italien angegliedert wurde. Nach Napoleons Fall unterstand Bologna aber wieder der Befehlsgewalt der österreichischen Armee. Dies führte zu mehreren Aufständen und kulminierte in der **Schlacht vom 8. August 1848,** in der die Bologneser die Österreicher aus der Stadt verjagten.

Die Region Sardinien-Piemont mit der Hauptstadt Turin wurde ab 1849 unter der Führung von Vittorio Emanuele II. (1820–1878) zum Zentrum des Risorgimento. Stück für Stück eroberte Sardinien-Piemont die italienischen Regionen beziehungsweise erstritt diese in Verhandlungen mit den Franzosen und den Österreichern. Zunächst gewann man die Lombardei, anschließend wurden in den zentralen Regionen Volksabstimmungen durchgeführt, wobei die Bologneser für eine Anbindung an das Königreich Sardinien-Piemont stimmten.

Zu den politischen Aktivisten, Kämpfern und heutigen Nationalhelden, welche die nach der Turiner Zeitung „Il Risorgimento" benannte Bewegung vorantrieben, gehörten unter anderem **Giuseppe Mazzini** (1805–1872), **Giuseppe Garibaldi** (1807–1882) und **Ugo Bassi** (1801–1849).

Mazzini gründete die geheime Organisation La giovane Italia („Junges Italien"), der sich auch Garibaldi anschloss. Beide koordinierten ab 1833 verschiedene Aufstände und den legendären „Zug der Tausend" nach Sizilien im Jahr 1860. Garibaldis schwangere Frau Anita, die heute in ihrer Heimat Brasilien Heldenstatus hat, war bereits 1849 auf einem Marsch durch die sumpfige Po-Ebene nach Venedig an Erschöpfung gestorben. Ein Denkmal, das an Giuseppe Garibaldi erinnert, befindet sich auf der Via dell'Indipendenza, gegenüber der Arena del Sole (s. S. 83).

Ugo Bassi war ein Bologneser Priester, der sich Garibaldis Freischärlerarmee anschloss. Er starb als Märtyrer nach einer missglückten Kampagne zur Verteidigung der 1849 ausgerufenen Republik von Rom. Bassi geriet in österreichische Gefangenschaft und wurde ohne Prozess hingerichtet. Sein Denkmal steht heute auf der Via Ugo Bassi [D4] in Bologna. Im Museo Civico del Risorgimento 26 kann man mehr über diese Zeit und die Nationalhelden erfahren.

27 Giardini Margherita ★ [G8]

Die **größte städtische Parkanlage** sind die Giardini Margherita am südöstlichen Stadtrand. Die Gärten wurden bereits 1879 zu Ehren von Königin Margherita, der Frau von König Umberto I., angelegt. Bei den Bauarbeiten fand man hier einige **etruskische Grabstätten.** Einige verbleibende steinerne Sarkophage sind noch zu sehen, ebenso die Rekonstruktion von etruskischen Hütten. Der See im Park – in Bologna eine Seltenheit – entstand z.T. durch Umleitung des Wassers aus dem **Savena-Kanal,** der die Stadt einst durchschnitt. Zudem gibt es in der Anlage einen Tennisplatz. Der Park hat mehrere Eingänge, z.B. bei der Viale Gozzadini, der Piazza di Porta Santo Stefano und der Piazza di Porta Castiglione. Ein beliebter Treffpunkt ist das Kulturzentrum Serre dei Giardini Margherita (s.S. 40).

› Viale Massimo Meliconi 1, https://www.comune.bologna.it/luoghi/giardini-margherita, Bus Nr. 13 von Via Rizzoli in Richtung Rastignano bis Porta Santo Stefano, rund um die Uhr geöffnet

28 San Michele in Bosco ★★ [D8]

Der 132 m hohe Hügel, auf dem die **Klosterkirche San Michele in Bosco** heute steht, war im 14. Jh. von Benediktinermönchen vom Monte Oliveto (Ölberg) besiedelt. 1523 entstand eine neue Kirche mit einer Fassade des Ferrareser Architekten Biagio Rossetti (s.S. 47).

Nachdem das Kloster durch Napoleon enteignet wurde, erwarb 1879 der Arzt **Francesco Rizzoli** (1809–1880) das Gebäude. Der Patriot, der während des Risorgimento (s.S. 41) mit Giuseppe Garibaldi für die Nation gekämpft hatte, saß später im Parlament des Königreichs Sardinien-Piemont. Nach seiner langen Karriere vermachte er den Klosterkomplex der Stadt, die dort auf seine Bitten hin 1896 eine Klinik für Orthopädie eröffnete. Die Mönche kehrten 1933 zurück und bewohnen noch heute einen Teil der alten Klostergebäude.

Das Innere der **Klosterkirche** ist mit reichhaltigen Fresken aus dem 16. Jh. verziert, darunter auch Gemälde der Vettern Caracci. Zu besichtigen ist auch die achteckige **Krypta** des alten Klosters. Vom Presbyterium führt eine Tür zum **Cannocchiale di Bologna**, einem verglasten **Kreuzgang** des alten Klostergebäudes. Von hier hat man einen weiten Blick auf das Panorama von Bologna, im Besonderen den Torre Asinelli 20, der in greifbare Nähe zu rücken scheint.

Zum **Park** der Klinik besteht ebenfalls Zugang.

› Via Pupilli 1, Tel. 0516366705, www.bolognawelcome.com/en/places/religious-buildings/san-michele-in-bosco-complex, Bus Nr. 30 von Via Rizzoli in Richtung San Michele in Bosco, geöffnet: Kirche tgl. 9–12, 16–18, Park 5.30–23 Uhr, Eintritt frei

29 Santuario di Madonna di San Luca ★★★

Das Santuario di Madonna di San Luca (meist Basilica di San Luca genannt) auf dem Guardiahügel ist eine Pilgerstätte, denn sie beherbergt eine Ikone der Madonna mit Kind, die der Apostel Lukas angefertigt haben soll. Nachdem sie von einem Pilger aus der Hagia Sophia in Konstantinopel (dem heutigen Istanbul) entwendet und nach Bologna gebracht worden war, wurde dort bereits im 12. Jh. eine Kirche gebaut, um sie zu beherbergen.

Zur Basilika führt der längste und steilste **Arkadengang** der Stadt hinauf: Er ist 4 km lang und hat 666 Bögen, der Aufstieg ist beschwerlich. Neben gläubigen Pilgern und Touristen nutzen auch ehrgeizige Sportler die Treppen und joggen nach oben. Jedes Jahr wird die Madonnen-Ikone Ende April/Anfang Mai in einer **feierlichen Prozession zur Cattedrale Metropolitana di San Pietro** 6 heruntergetragen. Dort wird sie dann eine Woche zur Verehrung ausgestellt, bevor man den Schrein in einer weiteren Prozession wieder zurückbringt. Die Prozession soll Erdbeben, Hungersnöte und andere Katastrophen abwenden.

Die heutige **Barockkirche** wurde von Carlo Francesco Dotti zwischen 1723 und 1757 gebaut. Von außen sieht sie bis auf die Domkuppel recht nüchtern aus. Die Innenräume sind allerdings üppig im Barockstil ausgestattet. Rund um den Altar findet man **Gemälde** von Guido Reni, Donato Creti, Guiseppe Mazza und Guercino.

Der **Ausblick** ist schon vom Fuß der Kirche aus atemberaubend. Wer höher hinauf will, kann weitere 100 Stufen zur **Aussichtsterrasse** erklimmen.

› Via di S. Luca 36, Tel. 0516142339, www.santuariobeataverginesanluca.com, Bus Nr. 20 von Via Rizzoli in Richtung Casalecchio Pilastro bis Meloncello, vom Fuß des Arkadengangs aus ca. 30–45 Min. steiler Aufstieg, wahlweise bei Station Villa Spada Umstieg in den Bus Nr. 58. Alternativ kann man den San Luca Express nutzen, der direkt bis zur Kirche fährt (s. S. 121). Geöffnet: tgl. 7–12.30, 14.30–19 Uhr, Eintritt: frei, Spende erwünscht (5 €, erm. 3 €).

30 Cimitero di Certosa ★★

Der **Monumentalfriedhof** im Südwesten der Stadt ist wie ein großer **Park** angelegt, der gleichzeitig als **Freiluftmuseum** fungiert. Er wurde 1801 über den Mauern des ehemaligen Karthäuserklosters aus dem Jahr 1334 errichtet, das 1796 von Napoleon aufgelöst worden war. 1869 stieß man bei Bauarbeiten im Arkadengang Chiostro delle Madonne auf eine bronzene etruskische Urne sowie andere

Vom Santuario di Madonna di San Luca hat man einen tollen Ausblick

etruskische Artefakte. Daraufhin begannen **archäologische Ausgrabungen.** Man fand 417 Gräber aus etruskischer Zeit, die bis auf das 6. Jh. v. Chr. zurückdatiert werden konnten. Die Funde sind im Museo Civico Archeologico 13 zu sehen.

Der historische Teil des Friedhofs auf der Ostseite (links vom Haupteingang) weist fast durchgängig **Arkadengänge** auf, sodass man hier auch bei Regen flanieren kann. Die reichen Bürger Bolognas scheuten damals für ihre Grabstätten keine Kosten: Die Stuckverzierungen und die aufwendigen Skulpturen auf den Grabmälern wurden von den bekanntesten Bildhauern des 19. und 20. Jh. gefertigt. Im 19. Jh. war der Certosa-Friedhof eine der Stationen auf der „Grand Tour" von wohlhabenden Europareisenden und sogar Lord Byron verewigte ihn in seinen Schriften.

Man spaziert heute an den Gräbern bedeutender Bologneser vorbei und gewinnt gleichzeitig einen Eindruck von den **Epochen der italienischen Kunstgeschichte.** Einige der evokativen Figuren wirken fast lebensecht. Zu den beeindruckendsten Grabmälern gehören die klassizistischen und veristischen (dem italienischen Realismus/Naturalismus zugehörigen) Monumente im Kreuzgang **Chiostro VII.**, z. B. das Tomba Montanari von Diego Sarti (1859–1914). Das Herz der Anlage bildet der dritte Kreuzgang, **Chiostro III.**, dessen Arkaden bereits zu Klosterzeiten 1588 entstanden. Die **Chiesa di San Girolamo,** die sich gleich dahinter erhebt, geht noch auf die Karthäuser zurück und ist mit prächtigen Fresken aus dem 17. Jh., u. a. von den Vettern Caracci (s. S. 38), verziert.

Neben der Friedhofskunst ist das eindrucksvolle Beinhaus **Ossuario dei Caduti Partigiani** von Piero Bottoni (1903–1973) aus dem Jahr 1959 im Stil des italienischen Razionalismo sehenswert. Es erinnert an die Gefallenen des Ersten Weltkriegs. Wer möchte, kann auch die letzten Ruhestätten bekannter Persönlichkeiten wie Lucio Dalla (s. S. 107) und Gioacchino Rossini (s. S. 106) aufsuchen.

› **Cimitero Monumentale della Certosa di Bologna,** Via della Certosa 18, Quartiere Saragozza, Tel. 0512193111, www.storiaememoriadibologna.it/certosa, www.museibologna.it/risorgimento/documenti/47670, Bus Nr. 19 oder 36 von Via Rizzoli in Richtung Casteldebole bis Chiesa Certosa, geöffnet: März–Okt. 8–18, Nov.–Febr. 8–17 Uhr, Eintritt: frei. Das Museo Civico del Risorgimento 26 organisiert geführte Touren und Nachtwanderungen über den Friedhof (auf Englisch). Es gibt auch Nachstellungen historischer Ereignisse mit kostümierten Darstellern: www.museibologna.it/risorgimento/eventi/47755.

070bo-nh

Ausdrucksstark: die Grabmonumente aus dem italienischen Realismus

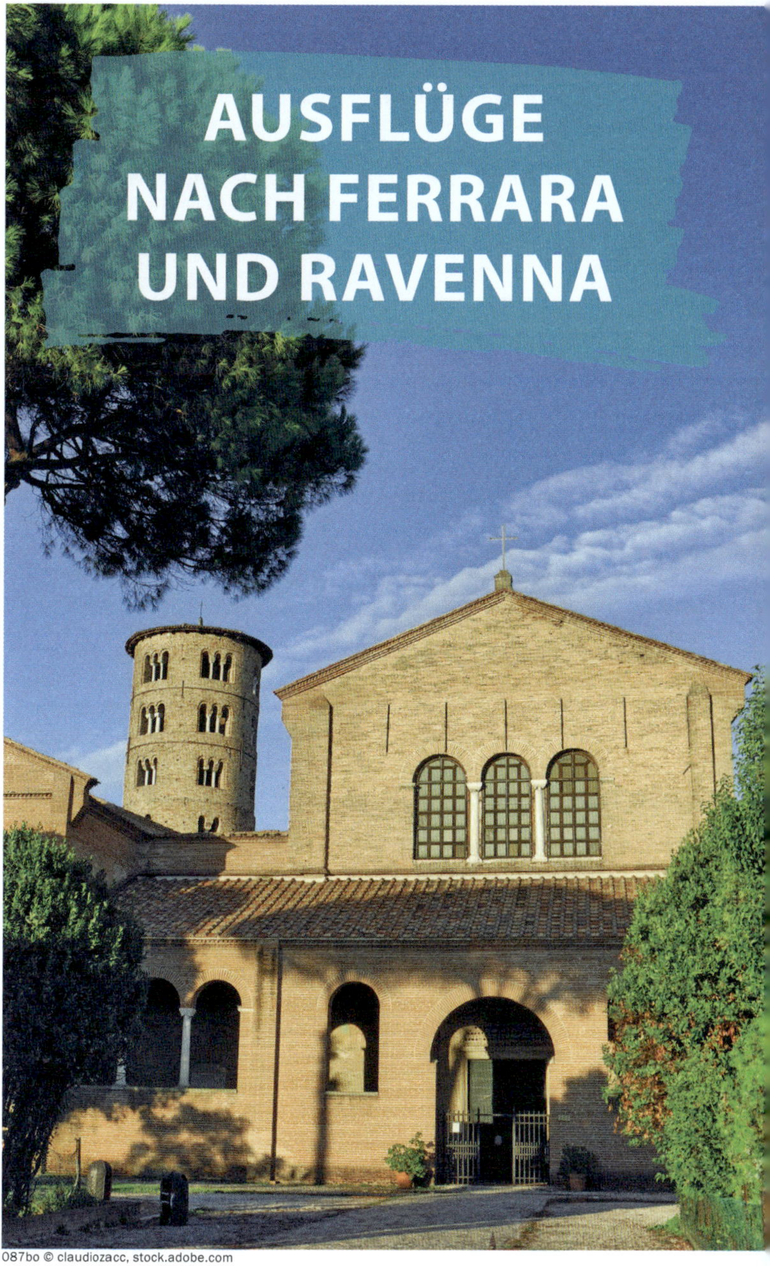

087bo © claudiozacc, stock.adobe.com

Ferrara

Ferrara eignet sich von Bologna aus bestens für einen Tagesausflug, denn es liegt nur 50 km entfernt im Nordosten und kann mit dem Zug oder dem Auto in einer halben Stunde erreicht werden. Die Stadt ist besonders für ihre Renaissancepaläste bekannt, die auf das Herrschergeschlecht der Este zurückgehen, das die Stadt vom 13. bis zum 16. Jh. regierte. Die Innenstadt ist weitgehend verkehrsberuhigt. Ein neun Kilometer langer Mauerring aus dem 15. und 16. Jh. umschließt die von der UNESCO geschützte Altstadt und lädt zu einer Rundwanderung ein. Ferrara ist außerdem das Tor zum Regionalpark Delta del Po, den man auch per Fahrrad erkunden kann.

Ferraras Ursprünge gehen auf das 7. Jh. zurück, als ein **byzantinisches Castrum** am Fluss Po entstand. Aufgrund einer verheerenden Überschwemmung im Jahr 1152 änderte sich der Verlauf des Po und der Hauptstrom wanderte weiter nach Norden. Im Süden der Stadt blieb nur der Nebenarm **Po di Volano** erhalten. Im frühen Mittelalter war Ferrara von den Kämpfen zwischen Guelfen und Ghibellinen gezeichnet. Relative Stabilität kehrte erst ein, als die **Familie Este** sich ab 1264 als herrschende Markgrafen etablierte. Sie verlieh der Stadt nicht nur ihr bauliches Gesicht, sie förderte auch Kultur und Wissenschaften. Im 14. Jahrhundert ließ Niccolò II. d'Este das mächtige **Kastell** in der Stadtmitte erbauen. Ercole d'Este war Urheber der Stadterweiterung im 15. Jahrhundert. Seitdem teilt die Hauptstraße Viale Cavour (bzw. Corso della Giovecca) die Stadt in zwei Hälften.

Die wichtigsten Sehenswürdigkeiten der **Neustadt** findet man vom Castello Estense entlang des Corso Ercole I d'Este in Richtung Norden. Vom Castello in Richtung Südosten gelangt man in das mittelalterliche Gassengewirr der **Altstadt.** Dort kann man viele historische Paläste entdecken, in denen interessante Museen untergebracht sind.

Nachdem sich der Kirchenstaat (s. S. 95) im 16. Jh. Ferrara einverleibt hatte, verlor die Stadt nach und nach an Bedeutung. Heute erleben Besucher eine sehr lebendige **Universitätsstadt** mit vielen historischen Gebäuden und einem satten Angebot an Kultur und Veranstaltungen wie dem vierwöchigen Renaissance-Festival **Palio di Ferrara** (s. S. 52) oder dem **Ferrara Buskers Festival** (s. S. 91).

- **Anreise:** Von Bologna Centrale mit Regionale Veloce (RV), ca. 30 Min., 5,20 €, oder mit Schnellzug Frecciarossa (26 Min., 9,90 €), Tickets am Schalter und Automaten vor Ort oder online unter www.trenitalia.com/de.html. Wenn man mit dem Auto unterwegs ist, nimmt man die A13 in Richtung Padova/Venezia (ca. 50 km).
- **I.A.T. Ferrara (Touristeninformation),** Castello Estense 31, Tel. 0532209370, www.ferrarateraeacqua.it/en
- **MyFE Card,** www.ferrarainfo.com/en/myfecard/what-is-myfe-card. Mit der MyFE Card erhält man freien oder ermäßigten Eintritt zu vielen Sehenswürdigkeiten und Museen in Ferrara sowie Ermäßigungen für das Flughafenshuttle vom Flughafen Bologna nach Ferrara. Preis: 2 Tage 20 €, 3 Tage 22 €, 6 Tage 25 €. Erhältlich ist die Karte in der Touristeninformation (s. o.).

Vorseite: Die Basilica di Sant'Apollinare in Classe 48 in einem Vorort von Ravenna

Die Este-Familie in Ferrara

Das alte italienische Adelsgeschlecht der Este kam ursprünglich aus Mailand und regierte Ferrara von 1264 bis 1597. Unter der Herrschaft der Este wurde Ferrara zu einer der bedeutendsten Renaissancestädte Italiens und konnte sich mit Florenz oder Mailand messen. Im 15. und 16. Jahrhundert verkehrten Dichter wie Ludovico Ariosto (1474–1533) und Torquato Tasso (1595–1544) am Hof der Este. Cosmè Tura (1430–1495) gründete die Ferrareser Schule der Malerei, die eng mit der Bologneser Schule (s. S. 38) zusammenarbeitete.

Niccolò III. (reg. 1393–1441) ließ die Stadt von der Kathedrale aus in Richtung Osten erweitern. Einige seiner illegitimen Söhne wurden ebenfalls zu prominenten Herrschern der Stadt. Bereits Leonello (Regierungszeit 1441–1450) und Borso (1450–1471) legten den Grundstein, um Ferrara in ein Zentrum der humanistischen Kultur und der Kunst zu verwandeln. Als guter Diplomat hatte Borso mit Papst und Kaiser gute Beziehungen und erhielt von Kaiser Friedrich II. den Herzogstitel für Modena und Reggio. Damit erweiterte er den Besitz der Este erheblich.

Zum herausragendsten Renaissancefürsten Ferraras wurde Ercole I. (Regierungszeit 1471–1505). Er verpflichtete den Architekten Biagio Rossetti zum Bau der zweiten Stadterweiterung, der sogenannten Addizione Erculea, im heutigen Norden von Ferrara, die das Stadtgebiet fast verdoppelte. Dieser ab 1492 unter der Federführung Rossettis entstandene Teil der Neustadt ist das erste Beispiel moderner Stadtplanung in Europa nach Renaissancegesetzen und daher von der UNESCO geschützt.

Die Este-Familie war mit vielen Adelshäusern in Europa verwandt. Die Linie der Welf-Esten reicht bis ins heutige Haus Hannover (britisches Königshaus). Ercole I. war mit der Tochter von Ferdinand I. von Neapel verheiratet. Sein Sohn, Alfonso I., heiratete in zweiter Ehe die berühmte Lukrezia Borgia, Schwester von Cesare Borgia. Der letzte Erbe der Fulc-Este aus Ferrara, Alfonso II. (Regierungszeit 1559–1597), war mit einer Medici verheiratet. Er blieb aber kinderlos, sodass Ferrara nach seinem Tod unter die Herrschaft des Kirchenstaates fiel.

019bo-nh

Im Palazzo Municipale (s. S. 48), einstige Residenz der Este, ist heute das Rathaus untergebracht

31 Castello Estense ★★ [Karte II]

Mit dem Bau des mächtigen Castello Estense demonstrierte **Niccolò II. d'Este** (Regierungszeit 1361–1441) im Jahr 1385 seine Macht gegenüber rebellischen Untertanen. Damals lag die von einem Wassergraben umgebene Burg, die heute das Zentrum Ferraras an der Piazza della Repubblica dominiert, noch an der nördlichen Stadtgrenze.

Erst Ercole I. zog vom Palazzo Municipale dauerhaft in die Burg um, nachdem sein Neffe 1476 einen Staatsstreich gegen ihn plante. Ercole II., der von 1534 bis 1559 regierte, ließ die Burg von **Girolamo da Carpi** nach Renaissance-Idealen in ein etwas romantischeres Bauwerk umgestalten. Carpi ließ auf die Turmzinnen ein weiteres Stockwerk aufsetzen und legte rundum weiße Marmorbalkone an.

Die Innenräume und Passagen waren zur Zeit der Este mit Fresken, Gemälden und anderen Kunstschätzen prall gefüllt. Nachdem der Kirchenstaat die Herrschaft über die Stadt übernommen hatte, wurden viele Kunstgegenstände verschleppt. Heute betritt man weitgehend unmöblierte Räume, in denen aber noch **Decken- und Wandfresken** erhalten sind. Charmant ist die Loggia mit dem Orangengarten, der für die höfischen Damen angelegt wurde. Auch ein Aufstieg auf den alten Verteidigungsturm **Rocca del Leone** ist möglich.

Niccolò II. ließ nach dem Bau des Kastells einen überdachten Fluchtweg anlegen, der vom **Palazzo Municipale**, wo die Familie damals residierte, direkt in die Burg führte. Vor dem Palazzo Municipale, in dem heute das Rathaus untergebracht ist, steht auf einer Säule ein Reiterstandbild von Niccolò III. d'Este. Eine Statue seines Sohnes Borso steht auf einer zweiten Säule.

› Largo Castello, Tel. 0532419180, www.castelloestense.it/en, geöffnet: Mi–Mo 10–18 Uhr, Eintritt Erw. 12 €, erm. 10 €, Kinder unter 12 Jahren und Besitzer der MyFE Card frei, Turmaufstieg 2 €

Girolamo Savonarola

Unterhalb des Durchgangs an der südöstlichen Seite des Castello Estense 31 gelangt man zur **Piazza Savonarola** mit einer Statue, die an den religiösen Fanatiker Girolamo Savonarola erinnert, der 1452 in Ferrara geboren wurde. Er predigte in Florenz gegen die Korruption der regierenden Medici und den Klerus. Da er sich gegen weltliche und kirchliche Unterdrücker richtete, waren er und seine Unterstützer, die Fratesci, beim einfachen Volk zunächst sehr populär. Am 7. Februar 1497 veranstaltete ein von den Fratesci angestachelter Mob das „Fegefeuer der Eitelkeiten", bei dem nicht nur Bücher, sondern auch Kosmetikartikel und Spiegel verbrannt wurden. 1497 wurde Savonarola vom Papst aufgrund seiner Umtriebe exkommuniziert und ein Jahr später wurde er als Ketzer verbrannt.

32 Cattedrale ★★★ [Karte II]

Die neue Kathedrale entstand ab 1135 und wurde dem Stadtpatron St. Georg gewidmet. Die erste Kathedrale der Stadt, die Chiesa di San Giorgio, befindet sich heute außerhalb der Stadtmauern.

Die hübsche **Fassade** aus weißem und rosafarbenem Marmor vereint romanische und gotische Merkma-

020bo-nh

le. Am Portal finden sich interessante Darstellungen u.a. vom Drachentöter St. Georg, aber auch von Alberto d'Este, der 1391 die Universität bauen ließ. Die **Porta dei Mesi** ist mit Figuren geschmückt, die die Monate des Jahres darstellen. Unter den Bogengängen an der Südseite der Kathedrale mit den fein gearbeiteten Säulen (**Loggia dei Merciai**) boten schon im Mittelalter Händler ihre Waren feil.

Die Kathedrale ist mit 118 Metern ungewöhnlich lang und zählt damit zu den größten Kirchen Italiens. Das Innere bildet einen stilistischen Gegensatz zur Fassade, denn es wurde im 18. Jahrhundert barockisiert. Hier kann man viele Gemälde und Skulpturen aus der **Ferrareser Schule** betrachten.

Das Castello Estense ist eine imposante Erscheinung mitten in der Stadt

MEIN TIPP

„Die Gärten der Finzi-Contini"

Giorgio Bassani (1916–2000) wurde zwar in Bologna geboren, er stammte jedoch von einer wohlhabenden jüdischen Familie aus Ferrara ab und war während der Zeit des italienischen Faschismus in der Widerstandsbewegung aktiv. In seinem 1962 erschienenen Roman „Die Gärten der Finzi-Contini", der von Vittorio De Sica 1970 verfilmt wurde, beschreibt Bassani eindrucksvoll das Schicksal einer reichen jüdischen Bürgerfamilie zur Zeit des Faschismus.

Unter den Este wurden jüdische Einwanderer ausdrücklich begrüßt und noch bis ins 16. Jh. lebten 2000 Juden in der Stadt. Rund um die Via Mazzini, heute eine Einkaufsstraße in der Altstadt Ferraras, wo auch die jüdische Synagoge steht, wurde zu Zeiten des Kirchenstaats das Ghetto eingerichtet. Unter den Faschisten wurden die Synagoge zerstört und die Juden deportiert.

Mit dem Bau des **Campanile** auf der Südseite begann man Mitte des 15. Jh., er blieb jedoch unvollendet. Das **Dommuseum** ist in der benachbarten Kirche San Romano untergebracht. Dort findet man u. a. Gemälde des Meisters Cosmè Tura.

› **Cattedrale,** Piazza della Cattedrale, Tel. 0532207449, www.ferrarataerraeacqua.it, momentan wegen Renovierung geschlossen
› **Museo della Cattedrale,** Via San Romano, Di–So 9.30–13, 15–18 Uhr, Eintritt 6 €, erm. 3 €, Eintritt frei mit MyFE Card, Tel. 0532244949, www.ferrarateraeacqua.it

33 Palazzo Costabili und Archäologisches Nationalmuseum ★★★ [Karte II]

Über die Via Saraceno gelangt man in die kleinen mittelalterlichen Gässchen der Altstadt, die man in Ruhe erkunden sollte. Ganz in der Nähe der Stadtmauern steht in der Via XX Settembre der Palazzo Costabili, in dem heute das Archäologische Nationalmuseum untergebracht ist.

Den Palast gab Antonio Costabili Ende des 15. Jh. in Auftrag. Später **wohnte Ludovico Maria Sforza,** auch genannt Ludovico il Moro, der Herzog von Milan, darin, bis die Sforza sich mit den Este überwarfen. So blieb der Palast ein unvollendetes Meisterwerk von Biagio Rossetti. Die Anlage mit den Laubengängen ist dennoch eine elegante Erscheinung.

Die Schatzkammer enthält **Deckenfresken** aus dem Jahr 1506 von Benvenuto Tisi, besser bekannt als Il Garofalo. Im Obergeschoss sind die **Funde aus der etruskisch-griechischen Stadt Spina** aus dem 3. bis 6 Jh. ausgestellt. Bei Bauarbeiten stieß man in der Lagunenlandschaft der Valli di Comacchio Anfang des 20. Jh. auf Tausende von Gräbern mit griechischen Urnen und anderen griechischen Töpferwaren. Der Handel mit Griechenland war damals für die Einwohner der gesamten Emilia-Romagna von Bedeutung und die Funde zeugen vom großen Reichtum, den die Region bereits in der Frühzeit hatte.

› **Museo Archeologico Nazionale di Ferrara,** Palazzo Costabili, Via XX Settembre 122, Tel. 053266299, www.archeoferrara.beniculturali.it, geöffnet: Di–So 9.30–17 Uhr, Eintritt Erw. 6 €, erm. 2 € (18–25 Jahre), Eintritt frei: unter 18 Jahren und mit MyFE Card

34 Palazzo Schifanoia ★★★ [Karte II]

Über die Via Borgovado gelangt man in Richtung Norden zum Palazzo Schifanoia in der Via Scandiana. Die Familie Este verbrachte viel Zeit mit dem Bau von Lustschlössern (Delizie Estensi): Im gesamten Po-Delta sind Hunderte dieser Anwesen verstreut, die immer von weitläufigen Parkanlagen umgeben sind. Den Palazzo Schifanoia ließ Alberto V. d'Este im Jahr 1385 außerhalb der damaligen Stadtmauern gegen die „Langeweile" („noia") errichten.

Von Biagio Rossetti wurden unter Ercole I. nochmals Verschönerungsmaßnahmen am Bau unternommen. Davon sieht man heute leider nur noch wenig, denn die äußeren Bemalungen sind verblasst. Aufwendige Fresken aus der Ferrareser Schule schmückten einst den Monatssaal, **Sala dei Mesi.** Sie sind leider nur noch in stark beschädigter Form erhalten. Die von Cosmè Tura, Ercole de' Roberti und Francesco del Cossa entworfenen Malereien zeigten Szenen aus dem höfischen Leben unter Borso d'Este, der den Palast im 15. Jh. nochmalig ausbauen ließ. Später wurden die Fresken übermalt und erst 1821 wiederentdeckt und gerettet. Sehenswert sind auch die Stuckarbeiten im **Sala delle Virtù.**

Im Eintritt eingeschlossen ist das **Museo Lapidario** in der Chiesa di Santa Libera. Dort kann man Stelen und Sarkophage aus der römischen Zeit vom 1. bis 3. Jh. besichtigen.

› **Museo di Palazzo Schifanoia,** Via Scandiana 23, Tel. 0532244949, geöffnet: Di–So 10–19 Uhr, Eintritt Erw. 12 €, erm. 9 €, Eintritt frei unter 18 Jahren und mit MyFE Card

M 8 [Karte II] **Museo Lapidario,** Via Camposabbionario 1, Tel. 0532244949, https://artemoderna.comune.fe.it, geöffnet: Mo–Fr 9–13, Di, Do auch 15–17 Uhr

35 Casa Romei ★ [Karte II]

Wandert man über die Via Savonarola wieder in Richtung Stadtzentrum, passiert man die Casa Romei. Der Geschäftsmann und Bankier Giovanni Romei war am Hof der Este in hoher Position als Verwalter beschäftigt und heiratete später Polissena d'Este. 1440 ließ er anlässlich seiner Vermählung die Casa Romei bauen, die vor allem wegen ihrer spätgotischen Details wie den **Rosettenverzierungen** und den **Laubengängen** besonders schön anzusehen ist. Im heute hier untergebrachten **Museum** sind Gemälde und Skulpturen ausgestellt, die aus anderen Gebäuden in Sicherheit gebracht wurden, so z. B. **Kirchenfresken** und **Schmuckfriese.**

› **Museo di Casa Romei,** Via Savonarola, 30, Tel. 0532234130, http://casaromei.byethost18.com, geöffnet: So–Mi 8.30–14, Do–Sa 14–19.30 Uhr, Eintritt Erw. 7 €, erm. (18–25 Jahre) 2 €, frei unter 18 Jahren und mit MyFE Card

36 Palazzo dei Diamanti mit Pinakothek ★★★ [Karte II]

Die Nationalgalerie ist in einem Palast untergebracht, dessen Fassade an Diamanten erinnert.

Vom Castello Estense führt der Boulevard Corso Ercole I. d'Este in den von Ercole I. gestalteten Teil der Neustadt, die **Addizione Erculea.** Der Boulevard ist noch mit den Originalkieseln gepflastert, auf denen Kutschenreisende damals und Radfahrer heute sicher gut durchgeschüttelt wurden und werden. Links und rechts des Boulevards erheben sich eindrucksvolle Bauten, von denen die meisten jedoch nicht zugänglich sind.

An der Kreuzung zum Corso Porta Mare, Quadrivio degli Angeli genannt, steht **einer der beeindruckendsten Paläste Ferraras.** Das mit 8500 pyramidenförmigen Quadern aus rosa

021bo ©ermess, stock.adobe.com

Die Fassade des Palzzo dei Diamanti besteht aus 8500 pyramidenförmigen Quadern

Marmor verkleidete Gebäude wird nicht von ungefähr als **Palast der Diamanten** bezeichnet, denn bei entsprechendem Sonneneinfall entstehen Lichtspiele auf den Spitzen der „Pyramiden", die das Haus zum Leuchten bringen. Ist man durch das Eingangsportal getreten, steht man in einem perfekten kleinen **Lust- und Wandelgarten.** Im Untergeschoss befindet sich die **Städtische Gemäldegalerie,** die **Pinacoteca Nazionale** mit Kunst aus dem 13. bis 17 Jh. und Deckenfresken aus dem 16. Jh. Der angegliederte **Palazzo Massari,** in dem die **Galerie für Moderne Kunst** untergebracht ist, wird bis Februar 2023 modernisiert. Bis zur Eröffnung finden Wechselausstellungen an anderen Orten wie dem Castello Estense 31 statt.

› **Pinacoteca Nazionale,** Corso Ercole I d'Este 21, Tel. 0532244949, www.palazzodiamanti.it, geöffnet: Di–So 10–17.30 Uhr, Erw. 6 €, erm. 2 €, frei für Kinder unter 6 Jahren und mit MyFE Card

• **9** [Karte II] **Palazzo Massari,** Corso Porta Mare 9, Tel. 0532244949, http://artemoderna.comune.fe.it/1839/palazzo-massari. Die Renovierung des Palazzo Massari soll voraussichtlich im **Februar 2023** abgeschlossen sein. Man kann bereits jetzt durch den Park wandern, in dem ein Skulpturengarten angelegt ist.

Kulinarisches

Eine Spezialität aus Ferrara ist **Coppia ferrarese,** ein knuspriges Knabbergebäck mit kunstvoll verdrehten

MEINE TIPPS

Michelangelo Antonionis Grab

Der **Certosa Monumentalfriedhof** ist in atmosphärischen Parkanlagen untergebracht, wo man fernab vom Stadtlärm spazieren und monumentale Gräber aus vergangenen Jahrhunderten besichtigen kann. Dort ist auch der Regisseur Michelangelo Antonioni beerdigt.

Antonioni wurde 1912 in Ferrara geboren und arbeitete bereits in den 1940er-Jahren in der Cinecittà in Rom als Filmschaffender. Seine ersten Werke wie „Gente del Po" („Die Menschen am Po", 1943–1947) werden dem Neorealismus zugerechnet. Herausragend sind jedoch seine späteren Filme wie „Blow Up" (1966) und „Zabriskie Point" (1970). Sie sind Stimmungsbilder der 1960er-Jahre, von den Swinging Sixties in London bis zur Studentenbewegung von 1968 und brechen mit den traditionellen Strukturen des filmischen Erzählens. 1995 arbeitete Antonioni bei „Jenseits der Wolken" mit dem deutschen Regisseur Wim Wenders zusammen. Antonioni verstarb 2007 in Rom, wurde jedoch in seiner Heimatstadt Ferrara beigesetzt.

Im Sommer finden im Rahmen der **Notte Rossa** Freiluftkonzerte in den Parkanlagen vor dem Friedhof statt.

• **10** [Karte II] **Certosa di Ferrara,** Via Borso 1, Tel. 0532244949, www.certosadiferrara.it, geöffnet: Winter tgl. 7–17, Sommer tgl. 7–19 Uhr

Palio di Ferrara

Jedes Jahr Mitte Mai beginnt an der Piazza Ariostea das vierwöchige **Renaissance-Festival** Palio di Ferrara, bei dem die Stadt eine Zeitreise in ihre Glanzzeiten unternimmt. Bereits seit 1297 streiten hier verschiedene Mannschaften u. a. um die Flagge des heiligen Georg. Es gibt Wettrennen, Paraden und vieles mehr, wobei die Original-Kostümierung vor dem Hintergrund der Renaissance-Anlagen ein wahrer Augenschmaus ist. Infos: www.paliodiferrara.it.

„Armen", das sich auch gut zum Tunken von Soßen eignet. Es wird fast in jeder Bäckerei verkauft.

11 [Karte II] **Gelateria Hobo,** Via Montebello 113/115, Tel. 03349875829, www.gelateriahobo.com, geöffnet: So–Do 15–21.30, Fr, Sa 15–23 Uhr. Bis spätabends gibt es hier aus frischen Zutaten und ohne Zusatzstoffe hergestellte Eiscreme, Smoothies, Crêpes und Torten.

12 [Karte II] **La Bottega del Pane,** Piazza Torquato Tasso 10, Tel. 0532241962, www.labottegadelpaneferrara.it, geöffnet: Mo–Sa 7–14.30, 16.30–19, So 9–13.30, 16.30–19 Uhr. In mehreren Filialen dieser Bäckerei bekommt man die typischen Backwaren aus Ferrara, wie die Coppia ferraese, aber auch lebkuchenähnliches Gebäck, genannt Pampanato, oder Mandorlini aus Mandeln und Eischaum.

13 [Karte II] **Makorè** €€€, Via Palestro 10/18, Tel. 0532092068, www.makore.it, Mi–Sa 19–22, Do, Sa auch 12.30–14 Uhr. Sehr elegantes Fischrestaurant, es gibt aber auch ein vegetarisches Menü und feine Weine.

14 [Karte II] **Pasticceria Bar Roverella,** Via Giovanni Boldonin 8, Tel. 0532205165, geöffnet: tgl. 7–21 Uhr. Unweit vom Zentrum bieten die Außenterrasse und der Innenhof viel Platz zum Verschnaufen von Besichtigungen, dazu leckeren Kaffee, Süßes und Snacks.

15 [Karte II] **Trattoria da Noemi** €€, Via Ragno 31, Tel. 0532769070, www.trattoriadanoemi.it, geöffnet: Mi–Mo 19.30–22.30, Do–Mo auch 12.30–14.30 Uhr. Hier werden feinste Klassiker der Ferrareser Küche serviert, z. B. der berühmte Nudelauflauf „Pasticcio di Maccheroni". Das Kochen ist Familientradition und die Rezepte wurden über Generationen hinweg perfektioniert.

Shopping

16 [Karte II] **Negozi Libraccio,** Piazza Trento-Trieste, Palazzo di San Crispino, Tel. 0532790875, http://negozi.libraccio.it, Mo–Fr 9–20, Sa 9–23, So 10–13, 15.30–19.30 Uhr. Sehr gut bestückter Buchladen.

Radfahren

In der verkehrsberuhigten Innenstadt Ferraras ist das Fahrrad das Fortbewegungsmittel der Wahl. Ferrara hat pro Kopf etwa dieselbe Fahrraddichte wie Amsterdam und beim Bummeln muss man daher auf Radverkehr gefasst sein. Wer sich gern selbst unter die Radfahrer mischen möchte, sollte gleich nach der Ankunft eine der vielen Radvermietungen aufsuchen. Wer weiter ins Umland ausschweifen möchte, findet u. a. auf der Website der Stadt viele Tipps für Ausflüge in die flache Po-Ebene.

› **Infos:** www.ferrarainbici.it, www.ferraraterraeacqua.it/en/cycle-tourism

023bo-nh

Der Corso Ercole hat noch sein Original-Kieselpflaster, für Radfahrer eine Herausforderung

- **Website des Nationalparks Delta del Po:** www.parcodeltapo.org/home.php. Dort findet man viele Anregungen für Radtouren und Wanderungen rund um die Lagunen Valli di Commacchio, zum Beispiel mit Vogelbeobachtung.

●17 [Karte II] **La Riciclett**a, Via Poledrelli 21, Tel. 3290477971, www.officinericicletta.it, Mo–Sa 8.30–12.30, 14.30–18.30 Uhr, 1 Std. 2 €, pro Tag 9 €. Hier werden überholte ältere Fahrräder recycelt und verliehen.

●18 [Karte II] **Link Tours Bike,** Via Garibaldi 103, Tel. 0532201365, https://linktoursbike.com. Organisierte Radtouren.

●19 **Pirani e Bagni,** Piazzale della Stazione 2, Tel. 3392814002, www.ferrarainfo.com, Mo–Fr 5–20, Sa 6.30–14 Uhr, 1 Std. 2 €, 3 Std. 5 €, pro Tag 7 €

Unterkünfte

20 [Karte II] **B&B Alle Giostre** €, Via Formignana 21, Tel. 0347 6493784, https://hotelescon.com.es/Alle-Giostre. **Mit Außenterrasse:** Die Zimmer im historischen Haus aus dem 15. Jh. sind von annehmbarem Standard und günstig. Das große Plus ist der Zugang zu einer Außenterrasse und die Nähe zu den Grünanlagen an der alten Stadtmauer.

21 [Karte II] **Hotel de Prati** €€, Via Padiglioni 5, Tel. 0532241905, www.hoteldeprati.com. **Ganz nah am Zentrum:** Die Standardzimmer in diesem freundlichen Dreisternehotel sind vernünftig. Für die Suite mit Privatbalkon muss man allerdings etwas mehr ausgeben.

22 [Karte II] **Hotel Touring** €€, Viale di Cavour 11, 44100 Ferrara, Tel. 0532206200, www.hoteltouringfe.it. **Süßes Frühstück:** modernes, sehr zentral gelegenes Hotel mit Fahrradvermietung. Zum Frühstück gibt es selbst gebackene Kuchen und Teilchen, aber auch Müsli, Käse und Wurst.

Ravenna

Auch wer nicht wegen der Kunstschätze nach Ravenna kommt, kann in den hübschen Gassen und auf den eleganten Piazzas des wohlhabenden Städtchens einen angenehmen Tag mit Bummeln und Rasten verbringen. Die Altstadt ist verkehrsberuhigt und das Fahrrad ist das beliebteste Fortbewegungsmittel für alle Altersklassen. Mindestens eines der acht von der UNESCO geschützten Bauwerke sollte man jedoch besichtigen – alle sind sehenswert. Die farbenfrohen Mosaiken, mit denen die Decken und Wände der Tempelkirchen geschmückt sind, eröffnen Einblicke in eine seltene Kunstform. Sie gehören zu den wenigen noch erhaltenen Mosaikfresken aus der byzantinischen Periode des Römischen Reiches und der frühchristlichen gotischen Zeit vom 4. bis 7. Jahrhundert n. Chr.

Das Gebiet um Ravenna war in der Bronzezeit von **Etruskern** besiedelt, die Pfahlbauten in den Marschen der Po-Ebene errichteten. Ursprünglich lag der besiedelte Teil der Gegend direkt am Ufer der Adria in Classe, bis das Küstengebiet versandete. Der **römische Kaiser Augustus** ließ 31. v. Chr. den Hafen **Porto di Classe** anlegen, dessen Überreste heute ca. 8 km vom Seeufer entfernt liegen. Im 18. Jahrhundert baute man den **Canale Candiano**, der Ravenna wieder mit der See verband. Bis heute befindet sich am **Porto Corsini** ein florierender Industrie- und Kreuzfahrthafen. In **Marina di Ravenna,** das nur zwanzig Autominuten vom Stadtzentrum entfernt ist, beginnt südwärts die lange Kette der touristischen Adriastrände.

Im 5. und 6. Jahrhundert war Ravenna Hauptstadt des weströmi-

002bo-nh

Cafés auf der Piazza di Popolo

schen Reiches, dann des ostgotischen Reiches und wurde anschließend zu einem Verwaltungsdistrikt (Exarchat) des **Byzantinischen Imperiums.** Aus diesen Jahren der Blüte stammen auch die zum UNESCO-Welterbe gehörenden Bauten.

Viele von Ravennas Kunstschätzen überlebten die raschen Herrscherwechsel jedoch nicht unbeschadet. Die Byzantiner ließen Mosaiken der Ostgoten aus religiösen Gründen umarbeiten. Der Franke Karl der Große ließ sich bei seinem Einfall in Ravenna 787 von der **Basilica San Vitale** 37 nicht nur zum Bau des Doms in Aachen inspirieren, er entwendete auch gleichzeitig viele der Kunstschätze. Mosaiken, Marmorteile und Säulen wurden nach Aachen verschleppt.

Von 1441 bis 1509 regierten die **Venezianer** die Stadt. Das Herz der Altstadt bildet noch heute die von ihnen 1483 angelegte **Piazza del Popolo** mit vielen Cafés und Restaurants. An der Nordseite residierten die venezianischen Gouverneure damals im schön anzusehenden **Palazzetto Veneziano.** Davor befinden sich zwei Säulen mit Skulpturen der Stadtheiligen **Sant'Apollinare** und **San Vitale.** Rechtwinklig dazu steht der **Palazzo Merlato** (auch Palazzo del Comune genannt), den die Herrscherfamilie Da Polenta im 17. und 18. Jahrhundert über dem ehemaligen Verlauf des Flusses Padena errichten ließ.

Aus der Zeit der Venezianer stammt auch die Festung **Rocca di Brancaleone,** die einst Teil der Stadtmauer war. Unweit der Festung beginnt hinter der Bahnlinie der Corsini-Kanal, der bis zur Adria schiffbar ist.

Den Rundgang durch die historischen Bauwerke Ravennas beginnt man am besten am ehemaligen **Klosterkomplex San Vitale** 37, der einige der wichtigsten Mosaiken beherbergt. Außerhalb der Stadt lohnt sich ein Besuch des **Mausoleo di Teodorico** 46 und der **Basilica di Sant'Apollinare in Classe** 48. Auch die archäologischen Ausgrabungen des alten Hafens in Classe kann man besichtigen.

1 cm = 60 m   100 m

Via Don Giovanni Minzoni
Giardino Giannantonio Bucci
V. Mura di Porta Serrata
Via S. Vittore
Via Giulio Morelli
Minzoni
Via D. G. Minzoni
Via Don Giovanni
Circonvallazione S. Gaetanino
Via Girolamo Rossi
Chiesa di Santa Croce
Mausoleo Galla Placidia
38
Basilica di San Vitale
37
Museo Nazionale di Ravenna
39
Placidia
Via G. Monti
Via Galla
Chiesa di Santa Maria Maggiore
Traversari
Via Galla Placidia
31
32
Salara
Zanzanigola
Via Pier
Via Gamba
Via Pellegrino Matteucci
Via Maggiore
Via Mura di San Vitale
Via M. Fanti
Via San Vitale
24
Via Giuliano Argentario
Via Ponte Marino
Piazza Francesco Baracca
Domus dei Tappeti di Pietra (Haus der Steinteppiche)
40
Chiesa di Sant'Eufemia
Battista Barbiani
Viale Francesco Baracca
Via Camillo Benso Cavour
Vicolo Gabbiani
28
Piazza Andrea Costa
Via Carlo Cattaneo
Via Camillo Morigia
Santo Domenico
Via Giacomo Matteotti
Via Quattro Novembre
Chiesa Santa Maria del Suffragio
Chiesa dei Santi Giovanni e Paolo
Via Filippo Mordani
Via Primo Uccellini
Via Giuseppe Pasolini
Via Antonio Zirardini
Piazza del Popolo
Piazza XX Settembre
Via Andrea Agnello Istorico
Via Massimo D'Azeglio
Via Luca Longhi
Piazza Giuseppe Garibaldi
Piazza Unità d'Italia
Via Mentana
Via Cairoli
Piazza J. F. Kennedy
Rasponi
Via Marco Fantuzzi
Via Mario Gordini
Via Dante Alighieri
Via Guglielmo Oberdan
Via Gaspare Garatoni
Via Gioacchino
Raul Gardini
Via Guidone
Via Ricci Corrado
Via Guido da Polenta
26
27
Chiesa di Santa Maria degli Angeli
Via Arnaldo Guerrini
Via Romolo Gessi
Piazza San Francesco
Piazza Duomo
Battistero Neoniano
43
44
Museo Arcivescovile und Cappella di Sant'Andrea
23
29
Via Ercolana
Via Aurea
Duomo o Basilica Ursiana
Piazza Arcivescovado
Piazza Caduti Per la Liberta
Caritas Centro D'Ascolto
Via Don Angelo Lolli
Via Pietro Canneti
Via Porta
Via Guidarelli Guidarello
Via Alcide De Gasperi
Via Alfredo Baccarini
Via Giuseppe
Santa Teresa
Via Chartres
Chiesa San Romualdo
Via Nino Bixio
Via Santa Teresa
Via Mura di Porta Gaza
Via Claudia
Piazza D'Annunzio
Via Nicolò Rondinelli
Via Corti alle Mura

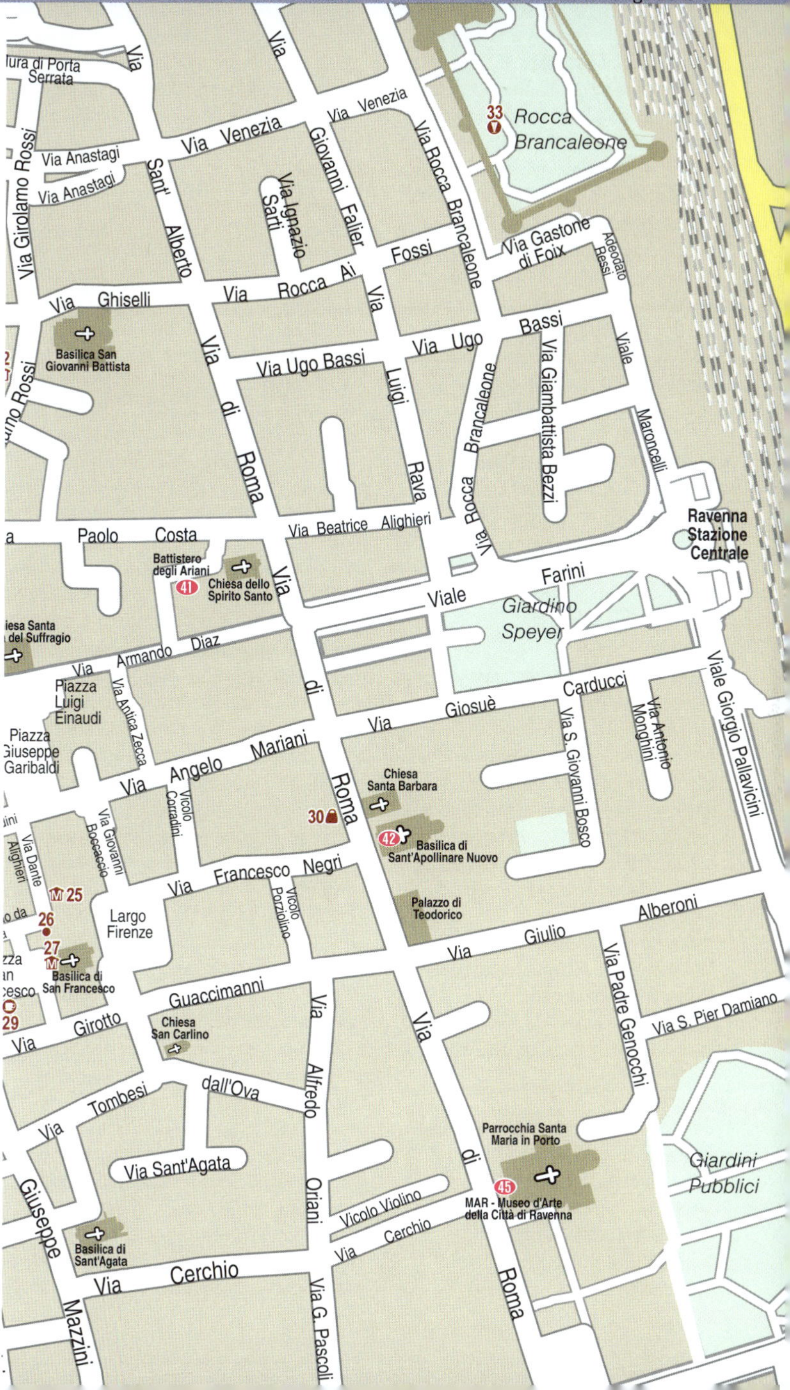
Via Venezia
Via Anastagi
Via Girolamo Rossi
Sant' Alberto
Via Ignazio Sarti
Giovanni Falier
Via Rocca Brancaleone
33
Rocca Brancaleone
Via Gastone di Foix
Adeodato Ressi
Fossi
Via Rocca Ai
Via Ghiselli
Basilica San Giovanni Battista
Via Ugo Bassi
Luigi Rava
Via Giambattista Bezzi
Viale Maroncelli
Via di Roma
Ravenna Stazione Centrale
Paolo Costa
Via Beatrice Alighieri
Battistero degli Ariani
41
Chiesa dello Spirito Santo
Viale Farini
Giardino Speyer
Via Armando Diaz
Piazza Luigi Einaudi
Via Antica Zecca
Piazza Giuseppe Garibaldi
Via Giosuè Carducci
Via S. Giovanni Bosco
Via Antonio Monghini
Viale Giorgio Pallavicini
Via Angelo Mariani
Chiesa Santa Barbara
30
42
Basilica di Sant'Apollinare Nuovo
Vicolo Corradini
Via Giovanni Boccaccio
Via Dante Alighieri
25
26
27
Basilica di San Francesco
29
Largo Firenze
Via Francesco Negri
Vicolo Porziolino
Palazzo di Teodorico
Via Giulio Alberoni
Via Padre Genocchi
Via S. Pier Damiano
Guaccimanni
Via Girotto
Chiesa San Carlino
Via Alfredo Oriani
dall'Ova
Via Tombesi
Via Sant'Agata
Parrocchia Santa Maria in Porto
45
MAR - Museo d'Arte della Città di Ravenna
Giardini Pubblici
Vicolo Violino
Via Cerchio
Basilica di Sant'Agata
Via Giuseppe Mazzini
Via G. Pascoli

› **Anreise:** Ravenna liegt ca. 80 km östlich von Bologna an der Autobahn A14. Wer mit dem Auto anreist, sollte direkt einen der ausgewiesenen Parkplätze anfahren, denn innerhalb der verkehrsberuhigten Innenstadt verliert man sich im Einbahnstraßengewirr. Mit der Bahn fährt man auf der Strecke Bologna – Ravenna mit dem Regionalzug „R" 1 Stunde 10 Minuten (Preis: 8 €). Vom Bahnhof aus ist das Zentrum fußläufig erreichbar.

ℹ **23** [Karte III] **I.A.T. Ravenna (Touristeninformation),** Piazza San Francesco 7, Tel. 054434504, www.turismo.ra.it/en, Mo–Sa 8.30–19, So, Fei 9.30–17.30 Uhr

•**24** [Karte III] **Biglietteria Basilica di San Vitale,** Via Giuliano Argentario 22, Tel. 0544541688, www.ravennamosaici.it/en, tgl. 9–18.45 Uhr. Wenige Meter vom Eingang zur Basilica di San Vitale kann man Kombitickets für UNESCO-Stätten kaufen und Mosaik-Souvenirs erstehen.

MEIN TIPP

Kombitickets

Viele Bauwerke in Ravenna lassen sich nur mit Kombitickets besichtigen. Erhältlich sind diese in den Museen, der Touristeninformation, online und in der Biglietteria Basilica di San Vitale (s. oben). Im Kombiticket **Ravenna Mosaici** ist der Eintritt zu folgenden Bauwerken enthalten: Basilica di San Vitale 37, Mausoleo di Galla Placidia 38, Basilica di Sant'Apollinare Nuovo 42, Battistero Neoniano 43 und das erzbischöfliche Museum Museo Arcivescovile mit der Cappella di Sant'Andrea 44.

› www.ravennamosaici.it, Erw. 10,50 €, erm. 9,50 €, Kinder unter 10 Jahren frei

Das **Sammelticket Städtische Museen (Biglietto cumulativo)** beinhaltet den Eintritt zum Museo Nazionale 39, dem Mausoleo di Teodorico 46 und der Basilica di Sant'Apollinare in Classe 48.

› Erw. 10 €, erm. 5 €, Kinder unter 18 Jahren frei

37 Basilica di San Vitale ★★★ [Karte III]

An der Stelle der im Kern achteckigen, dem heiligen Vitalis gewidmeten Kirche befand sich bereits im 5. Jh. eine Kapelle. Begonnen wurde mit dem Bau der heutigen Basilika sehr wahrscheinlich auf Geheiß von Kaiser Justinian I. (482–565) unter Bischof Ecclesius, der das Amt von 521 bis 532 innehatte. Mit den üppigen Mosaiken von in Gold eingefassten Tesserae-Steinen setzte Kaiser Justinian I. sich und seiner Frau Teodora dort ein grandioses Denkmal.

Unter **Justinian I.** wurden Sizilien und Süditalien bis 552 von den Langobarden und Franken zurückerobert und die **Byzantiner** etablierten sich in ihrem Exarchat Ravenna. Justinians Regierungszeit markierte gleichzeitig den Übergang vom antiken Römischen Imperium zum mittelalterlichen Byzantinischen Reich. Er war einer der ersten Kaiser, die sich nicht nur als weltlicher Herrscher sahen, sondern als von Gott autorisiert. Als Erbauer der Hagia Sophia im damaligen Konstantinopel wollte er auch in Ravenna ein Zeichen setzen und verewigte sich und seine Frau Theodora in San Vitale in **spektakulären Mosaiken.** Auf der linken Seite der Apsis wird er mit seinem Hofstaat gezeigt und auf der rechten Seite seine Frau. Das Abbild des Kaisers, der eine mit bunten Edelsteinen verzierte Krone, Ohrringe und Schulterschmuck trägt, gehört zu den interessantesten Mosaikbildern Ravennas. Die Gesichtszüge der dargestellten Figuren sind mit winzigen Steinen besonders fein

Dante in Ravenna

024bo-nh

Dante Alighieri (1265–1321) ging als Autor der „Göttlichen Komödie“ in die Geschichte ein. Das Werk wird weltweit als eine der wichtigsten Dichtungen des Mittelalters angesehen. Es war das erste literarische Werk, das in italienischer statt lateinischer Sprache veröffentlicht wurde. Der in Florenz geborene Dichter war Unterstützer der papsttreuen Guelfen, die sich in zwei feindliche Fraktionen aufspalteten. Als Dante in Rom weilte, wurde er unter diversen Anschuldigungen von den schwarzen Guelfen aus der Stadt verbannt. Sein Eigentum wurde konfisziert und man forderte ein Lösegeld, wenn er die Stadt je wieder betreten wollte, ansonsten drohte ihm der Tod. Dante ließ sich nicht auf den Handel ein, sondern wählte ein Leben im Exil und war fortan ständig auf Reisen. 1318 folgte er einer Einladung von Guido Novello da Polenta nach Ravenna. Dort verstarb er 1321 und wurde in der Franziskanerkirche beigesetzt. Nachdem die Florentiner schließlich einsahen, dass sie einen der bedeutendsten Literaten des Landes verbannt hatten, bemühten sie sich um die Rückführung seiner Gebeine nach Florenz. Die Franziskanermönche Ravennas gaben diese jedoch nicht heraus und hielten sie jahrhundertelang unter Verschluss. Die Grabstätte, die man für den Dichter in Florenz erbaut hat, ist bis heute leer. Stattdessen fanden Dantes Gebeine in einem zwischen 1780 und 1782 von Kardinal Luigi Valenti Gonzaga errichteten Schrein in Ravenna ihre letzte Ruhe. Mehr über das spannende Leben des Dichters erfährt man im Museo Dante.

- **25** [Karte III] **Museo Dante,** Via Dante Alighieri 2a, Tel. 0544215676, https://vivadante.it/museo-dante, geöffnet: Di–So 10–18 Uhr, Eintritt: Erw. 5 €, erm. 3,50 €, Kinder bis 14 Jahre frei
- **•26** [Karte III] **Tomba di Dante,** Via Dante Alighieri 9, geöffnet: April–Okt. tgl. 10–19, Nov.–März tgl. 10–18 Uhr

gearbeitet. In der überreich dekorierten **Apsis** kann man viele beeindruckende Details wie Figuren und Muster entdecken und für die Besichtigung sollte man sich ausreichend Zeit lassen. Die noch erhaltenen **Bodenmosaiken** haben schlichtere, ornamentale und florale Muster. Man geht davon aus, dass sie bereits zur gotischen Zeit entstanden.

Auf dem Geländekomplex um die Basilika befinden sich auch das Museo Nazionale 39 und das Mausoleo di Galla Placidia 38.

› Via Benedetto Fiandrini, www.ravennamosaici.it, Tel. 0544541688, geöffnet: April–Okt. tgl. 9–19, Nov.–März tgl. 10–17 Uhr, Eintritt nur mit Kombiticket (s. S. 58): Erw. 10,50 €, erm. 9,50 €, Kinder unter 10 Jahren frei

025bo-nh

Der byzantinische Kaiser Justinian I. verewigte sich in San Vitale 37 *in spektakulären Mosaiken*

MEIN TIPP

Versunkene Mosaiken

In der Abteikirche San Francesco, die die Piazza San Francesco dominiert, gibt es eine Gruft, die durch das Absinken des Gebäudes permanent überflutet ist. Das ursprüngliche Fundament liegt etwa 3,60 m unter Wasser. Eine erste Kirche wurde hier schon im 5. Jh. gebaut und in der Gruft, die im 10. Jh. als Grabkammer für Bischof Neone ausgebaut wurde, kann man unter dem Wasser Originalmosaiken mit griechischen und römischen Inschriften entdecken, über denen seelenruhig Kois ihre Runden drehen. Wenn man einen Euro einwirft, geht das Deckenlicht an und man kann alles genau betrachten.

M 27 [Karte III] **Basilica di San Francesco (Ravenna),** Piazza San Francesco 1, Tel. 054433256, www.turismo.ra.it/eng, geöffnet: Mo–Fr 7.30–12, 15–18, Sa, So 7.30–18 Uhr, Eintritt Kirche frei, Krypta 1 €

38 Mausoleo di Galla Placidia ★★★ [Karte III]

Das Mausoleum der **Galla Placidia** (386–452) führt Besucher wieder hundert Jahre in der Geschichte zurück. Galla Placidia war die **Halbschwester von Kaiser Honorius,** der Ravenna zur römischen Hauptstadt machte. Beim ersten Ansturm der Goten auf Italien wurde Galla vom Gotenkönig Alarich I. entführt. Von 414 bis 415 war sie Ehefrau seines Nachfolgers Athaulf. Nach dessen Tod wurde sie ihrem Bruder von den Goten als Friedensgabe wieder zurückgebracht.

Auf Veranlassung von Honorius ging sie 417 eine Zwangsehe mit Constantius III. ein. Nach dessen Tod und dem Tod ihres Bruders regierte sie von 425 bis 437 an Stelle ihres unmündigen Sohnes Valentinian III. das westliche Römische Imperium. In dem beeindruckenden **Mausoleum,** das sie für sich selbst errichten ließ, wurde Galla Placidia wahrscheinlich nie bestattet. Das Grab ist heute leer.

Man betritt einen spärlich beleuchteten Raum, in dem sich vor einem dunkelblauen Hintergrund strahlende **Mosaiken** wie an einem Sternenhimmel abheben. Decke und Kuppel der kreuzförmig angelegten Kapelle sind vollständig von Mosaiken bedeckt, die im Originalzustand erhalten sind.

› Via Benedetto Fiandrini, Tel. 0544541688, geöffnet: April–Okt. tgl. 9–19, Nov.–März tgl. 10–17 Uhr, Eintritt nur mit Kombiticket (s. S. 58): Erw. 10,50 €, erm. 9,50 €, zusätzlich wird eine Gebühr von 2 € erhoben (zahlbar vor Ort), Kinder unter 10 Jahren frei

39 Museo Nazionale di Ravenna ★★ [Karte III]

Das **Nationalmuseum** befindet sich am Eingang zum ehemaligen Klosterkomplex San Vitale 37. **Archäologische Fundstücke** aus der Römerzeit paaren sich hier mit **Skulpturen, Textilien** und **Waffen** aus den verschiedenen Jahrhunderten der Stadtgeschichte. Auch **Fresken** und **Steinmetzarbeiten** aus der ehemaligen Kirche Santa Chiara aus dem 14. Jh. sind zu sehen.

› Via San Vitale 17, Tel. 0544543724, geöffnet: Di, Do, Fr 8.30–19.30, Sa, So 8.30–14 Uhr, Eintritt: Erw. 6 €, erm. 2 € (oder mit Sammelticket, s. S. 58)

40 Domus dei Tappeti di Pietra (Haus der Steinteppiche) ★★ [Karte III]

Eine große Entdeckung machten Archäologen im Jahr 1999. Man stieß auf den fast vollständig erhaltenen **Mosaikboden** einer byzantinischen Villa aus dem 5. Jh. Der Eingang zum „Steinteppich", der etwa drei Meter unterhalb des Straßenniveaus liegt, befindet sich in der Kirche Sant'Eufemia. Die Mosaiken verdeutlichen, dass auch private Villen reich ausgestattet wurden.

› Via Gian Battista Barbiani, Tel. 054432512, https://domusdeitappetidipietra.it, April–Okt. tgl. 10–18.30, Nov.–März Di–Fr 10–17, Sa, So, Fei 10–18 Uhr, Eintritt: 4 €, erm. 3 €

41 Battistero degli Ariani ★ [Karte III]

Nachdem Theoderich den Arianismus (s. S. 62) an seinem Hof als offizielle Religion etabliert hatte, entstand Ende des 5. Jh. diese kleine **Taufka-**

Im Mausoleo di Galla Placidia muss man mit Besucherschlangen rechnen

026bo-nh

pelle. Sie ist achteckig mit vier Apsiden. Bis auf das Mosaik in der Kuppel und das Taufbecken wirkt die Kapelle heute recht nüchtern, denn sie wurde von den Byzantinern leergeräumt. Das Deckenmosaik zeigt in einem Innenkreis die Taufe von Jesus Christus. Ungewöhnlicherweise ist die Figur des Jesus hier nackt dargestellt. Auf einem Außenkreis ist er von den zwölf Aposteln umgeben.

› Vicolo degli Ariani, Tel. 0544543724, www.turismo.ra.it, tgl. 9–12, Sa, So auch 14–17 Uhr, Eintritt 2 €

42 Basilica di Sant'Apollinare Nuovo ★★★ [Karte III]

Der Ostgotenkönig Theoderich der Große nahm Ravenna 493 in Besitz, nachdem er den weströmischen Herrscher Odoaker ermordet hatte. Ende des 5. und zu Beginn des 6. Jh. ließ er die Basilika bauen und nutzte sie als Palastkirche. Unter Theoderich wurde Ravenna ostgotische Hauptstadt und erlebte eine Blütezeit.

027bo-nh

Theoderich war **nichttrinitarischer Arianer.** Die Anhänger dieser Lehre sahen Gott als Zentrum ihres Glaubens an und glaubten nicht an die Dreifaltigkeit. Die Gebäude und Verzierungen, die während Theoderichs Herrschaft entstanden, spiegelten diese Sichtweise auch in den Mosaiken wider. Dort sah man immer wieder die Taufe als zentrales Ritual, so z. B. auch in der Taufkapelle Battistero degli Ariani 41. Unter den Byzantinern wurden die Glaubensrituale der Arianer später als Ketzerei verurteilt und Kaiser Justinian ließ viele Mosaiken aus der Zeit Theoderichs „retouchieren", um die abgebildeten Szenen zu „berichtigen". Die Darstellungen in der Basilica ließ er z. T. hinter kunstvoll aufgemalten Vorhängen verschwinden. Auch entfernte er alle Abbildungen, die Theoderich selbst zeigten bzw. ließ dessen Gesicht übermalen.

Von außen sieht man einen schlichten Langbau aus rotem Ziegel. Der **Glockenturm**, der ganz untypisch rund und nicht viereckig ist, wurde erst im 10. Jh. angefügt. Im 9. Jh. überführte man die **Gebeine von Sant'Apollinare** aus der Kirche in Classe 48 in die Basilika und benannte sie um.

Am Eingang findet sich eine eindrucksvolle Darstellung von Schiffen im Hafen von Classe. Fast sofort nach Betreten des gradlinigen, offenen **Innenraums** wird der Blick nach oben auf die **Fresken** gelenkt. Sie schmücken die Wand oberhalb von 24 Säulen aus Konstantinopel, die das Kirchenschiff stützen. Man sieht eine Prozession von Jungfrauen auf der einen und den Zug von 26 Märtyrern auf der anderen Seite, dazwischen

24 Säulen stützen das Kirchenschiff der Basilica di Sant'Apollinare Nuovo

wird das Leben Jesu präsentiert. Außerdem gibt es eine plastische Darstellung der drei Weisen aus dem Morgenland. Wer genau hinschaut, sieht hin und wieder eine Hand oder einen Fuß hinter einem Vorhang hervorragen – Zeitzeugen der von den Byzantinern abgeänderten Mosaiken. Die aufwendige **Kassettendecke** wurde nach einem Erdbebenschaden im 16. Jh. neu hinzugefügt.

› Via di Roma 52, Tel. 0544541688, www.ravennamosaici.it, geöffnet: April–Okt. tgl. 9–19, Nov.–März tgl. 10–17 Uhr, Eintritt nur mit Kombiticket (s. S. 58): Erw. 10,50 €, erm. 9,50 €, Kinder unter 10 Jahren frei

43 Battistero Neoniano ★★ [Karte III]

Gleich neben dem Dom (siehe 44) befindet sich diese **Taufkapelle**, die 450 unter Bischof Neone entstand. Man betritt ein achteckiges Gebäude und steigt erst einmal hinab. Das Baptisterium ist eines der Gebäude der Stadt, die langsam im schlammigen Untergrund versinken. Die ursprünglichen vier Eingangstüren sind daher nicht mehr in Funktion. In Abgrenzung zum Battistero degli Ariani 41, der Kapelle der arianischen „Ketzer", wird das Battistero auch als **„orthodoxe" Kapelle** bezeichnet. Hier sind die **Mosaiken** noch vollständig erhalten und die Taufszene von Jesus Christus im Jordan durch Johannes den Täufer ist farblich brillanter. Die Apostel sind in weiße und goldene Togen gehüllt. Das **Taufbecken** ist aus griechischem Marmor und Porphyr.

› Piazza Duomo, Tel. 0544541688, geöffnet: April–Okt. tgl. 9–19, Nov.–März tgl. 10–17 Uhr, Eintritt nur mit Kombiticket (s. S. 58): Erw. 10,50 €, erm. 9,50 €, Kinder unter 10 Jahren frei

028bo-nh

44 Museo Arcivescovile und Cappella di Sant'Andrea ★ [Karte III]

Mit dem Bau des **Duomo di Ravenna** begann man bereits unter Bischof Ursiano am Ende des 4. Jh. Zu den ältesten Teilen gehören heute die Krypta und der Kirchturm (10. Jh.), der Rest stammt aus dem 18. Jh. Sehenswert ist vor allem das **Erzbischöfliche Museum**, das auf dem Gelände hinter dem Dom steht. Es wurde von Erzbischof Farsetti gegründet, als man beim Neubau des Doms im 18. Jh. auf viele antike Funde stieß. In der Ausstellung sind Schriftplatten und Stelen aus römischer Zeit zu sehen, die teils stark zerstört sind und sich unter den Fundamenten des alten Doms befanden. Das Kernstück des Museums ist jedoch die **Andreaskapelle** aus dem Jahr 494, ein ver-

⌃ Das Battistero di Neoniano ist heute vom Absinken bedroht

steckter, privater Gebetsraum für die Bischöfe. Auf den Mosaiken sticht z. B. ein bartloser Christus in römischer Soldatenkleidung heraus, der das Kreuz wie ein Schwert geschultert hat.

› Piazza Arcivescovado 1, www.turismo.ra.it, Tel. 0544541688, geöffnet: April–Okt. tgl. 9–19, Nov.–März tgl. 10–17 Uhr, Eintritt nur mit Kombiticket (s. S. 58): Erw. 10,50 €, erm. 9,50 €, Kinder unter 10 Jahren frei

45 MAR – Museo d'Arte della Città di Ravenna ★ [Karte III]

Die **Sammlung des städtischen Kunstmuseums** umfasst Malerei und Skulpturen vom 14. Jahrhundert bis heute. In der zeitgenössischen Abteilung findet man seltene Beispiele italienischer Pop-Art bis hin zu Werken des Graffiti-Künstlers Banksy, aber auch zeitgenössische Mosaiken. Das Museum steht in der einstigen Parkanlage der benachbarten Abteikirche Santa Maria in Porto aus dem 16. Jahrhundert.

030bo-nh

› Via di Roma 13, Tel. 0544482477, www.mar.ra.it/ita, geöffnet: Di–Sa 9–18, So, Fei 14–18 Uhr, Eintritt: Erw. 6 €, erm. 5 €

46 Mausoleo di Teodorico ★

Das Mausoleum ist einer der außergewöhnlichsten Bauten, die die **Ostgoten** in Ravenna hinterließen. Aus Istrienstein erbaut, sitzen auf einem zehneckigen Unterbau ein runder Überbau und eine Kuppel. Das Ganze ähnelt einer Krone.

Das Grab, das **Theoderich** sich noch zu Lebzeiten erbauen ließ, ist innen fast leer, denn es wurde von den Byzantinern geplündert. Im **Gruftraum** gibt es vier kreuzförmig angeordnete Nischen, die wahrscheinlich für die Sarkophage von Mitgliedern des Hofstaats und der Familie Theoderichs gedacht waren. Nach oben gelangt man über eine Außentreppe. Dort gibt es eine Altarnische, alles andere wurde von den Byzantinern entfernt. Es gibt eine Art Wanne aus Porphyrstein, von der man annimmt, sie könnte der Sarkophag Theoderichs gewesen sein.

› Via Delle Industrie 14, Tel. 0544543724, geöffnet: Mo–Do 8.30–13.30, Fr–So 8.30–19 Uhr, Eintritt: Erw. 4 €, erm. 2 € (oder mit Sammelticket, s. S. 58)

47 Antico Porto di Classe ★

Der **Hafen von Ravenna** gehörte zu den bedeutendsten in der antiken Welt. Von hier aus wurde mit dem gesamten Byzantinischen Reich und Afrika Handel betrieben. Heute kann man hier **archäologische Ausgrabungen** besichtigen. Auf dem Gelände sind entlang der einstigen Kais und Straßen Laufstege mit Schautafeln angelegt. Im Besucherzentrum am Ein-

029bo-nh

gang zeigt eine **Multimediapräsentation** das Leben rund um die Anlage zur damaligen Zeit. Durch die Versandung der Küste versank die ehemalige Stadt langsam im Schlamm und man musste weiter landeinwärts ziehen. Aber auch im heutigen Stadtzentrum von Ravenna sind weiterhin Gebäude vom Absinken bedroht.

› **Parco Archeologico di Classe,** Via Marabina 7, Tel. 0544478100, www.parcoarcheologicodiclasse.it, geöffnet: April–Sept. Di–Fr 15–19 Uhr, Eintritt: Erw. 5 €, erm. 4 €, geführte Touren (ab 10 Pers.) nach Vorbuchung, 30 € pro Person

⌃ *Eine Statue von Kaiser Augustus begrüßt Besucher im Vorort Classe*

‹ *Im Mausoleum des Goten Theoderich wurde sein Leichnam wahrscheinlich nie bestattet*

48 Basilica di Sant'Apollinare in Classe ★★★

Von der antiken Stadt Ravenna sind im heutigen Vorort Classe nur noch wenige Zeitzeugen zu finden. Wer den Weg zur alten Basilika, ca. 8 km außerhalb des heutigen Stadtzentrums, auf sich nimmt, wird allerdings mit einem außergewöhnlichen Kunsterlebnis belohnt.

Der Schutzpatron Ravennas, **Apollinaris,** kam gegen Anfang des 2. Jh. in die Stadt und gründete die erste christliche Gemeinde. 549 wurde das Gotteshaus über seinem Grab eingeweiht. Damals war die Gegend um den alten Hafen von Classe noch dicht besiedelt. Heute ragt die Kirche schon von Weitem sichtbar einsam aus der flachen Landschaft heraus.

Die Gesamtanlage der Kirche ist imposant und die **Mosaiken** im Inneren sind von außergewöhnlicher Farbintensität. Der **Innenraum** erinnert an ein überdachtes römisches Forum, wie oft bei frühchristlichen Kirchen. Wie beim Namensvetter Sant'Apollinare Nuovo 42 wird das Kirchenschiff von mit Pflanzenranken verzierten, filigran gearbeiteten **byzantinischen Säulen** gestützt. Außerdem sind **Sarkophage** aus griechischem Marmor mit schönen Verzierungen aus dem 5. bis 8. Jh. zu sehen. Anziehungspunkt am Ende des Raums ist das **Apsismosaik.** Dort steht Apollinaris mit ausgebreiteten Armen und umgeben von seinen Schäfchen auf einer Wiese. Über allem thront ein goldenes Kreuz, auf dem das Gesicht von Jesus Christus abgebildet ist. Vom Künstler wurde großer Wert auf die realistische Darstellung der Wiese gelegt: Man sieht Blumen, Pinienbäume und Felsbrocken. Auf dem **Chorbogen** sind außerdem die vier Evangelisten mit Christus in ihrer Mitte als Tierfiguren dargestellt. Wand- und Bodenmosaiken haben die Zeiten nicht überdauert.

Die Tatsache, dass die Basilika weitgehend unbeschädigt blieb, hängt sicherlich damit zusammen, dass sich hier der Schrein für die Gebeine von Apollinaris befand, bevor man die Reliquien im 9. Jh. in die neue Kirche Sant'Apollinare Nuovo 42 brachte.

› Via Romea Sud 224, Tel. 0544543724, www.turismo.ra.it, geöffnet: Mo–Sa 8.30–19.30, So, Fei 13.30–19.30 Uhr, Eintritt Erw. 5 €, erm. 2 € (oder mit Sammelticket, s. S. 58).

MEIN TIPP

Nachmittag im Park

Im alten venezianischen Fort **Rocca Brancaleone** befindet sich ein schöner Park mit einem Restaurant und der **Bar Fulèr,** wo man gut einen lauschigen Nachmittag oder Abend verbringen kann. Im Sommer gibt es dort auch Open-Air-Kinovorstellungen.

33 [Karte III] **Bar Fulèr,** Via Rocca Brancaleone 35, Tel. 03277077983, https://akamigusto.it, geöffnet: Mo–Fr 12–14.30, 19–22, Sa 12–15, 19–22, So 12–15, 19–21.30 Uhr

Kulinarisches

28 [Karte III] **Mercato Coperto,** Piazza Andrea Costa, Tel. 0544244611, Kernzeiten der Geschäfte und Gastronomie: tgl. 9–21 Uhr. In der neuen Markthalle kann man Spezialitäten kaufen oder direkt an einem der Imbisse und im Restaurant probieren. Ideal für ein unkompliziertes Mittagessen.

29 [Karte III] **Pasticceria Palumbo,** Piazza San Francesco, Tel. 0544201377, geöffnet: Mo–Mi, Fr, Sa 7.30–21.30 Uhr. Schöne Lage mit Blick auf die Piazza San Francesco. Serviert werden leckere Snacks und Kuchen.

Shopping

30 [Karte III] **Koko Mosaico,** Via di Roma 136, 48121 Ravenna, Tel. 0544465190, http://kokomosaico.com/en. Handgemachte Mosaiken direkt in der Künstlerwerkstatt kaufen.

Unterkünfte

31 [Karte III] **Best Western Hotel Bisanzio** €€, Via Salara 30, 48121 Ravenna, Tel. 0544217111, www.bisanziohotel.com. **Großes Frühstücksbüfett:** modernes Hotel der bekannten Kette.

32 [Karte III] **Casa Masoli Bed & Breakfast** €€, Via Girolamo Rossi 22, 48121 Ravenna, Tel. 0544217682, www.casamasoli.it. **Ausgefallen:** Boutiquehotel mit fantasievoll dekorierten Zimmern. Frühstück inklusive.

BOLOGNA ERLEBEN

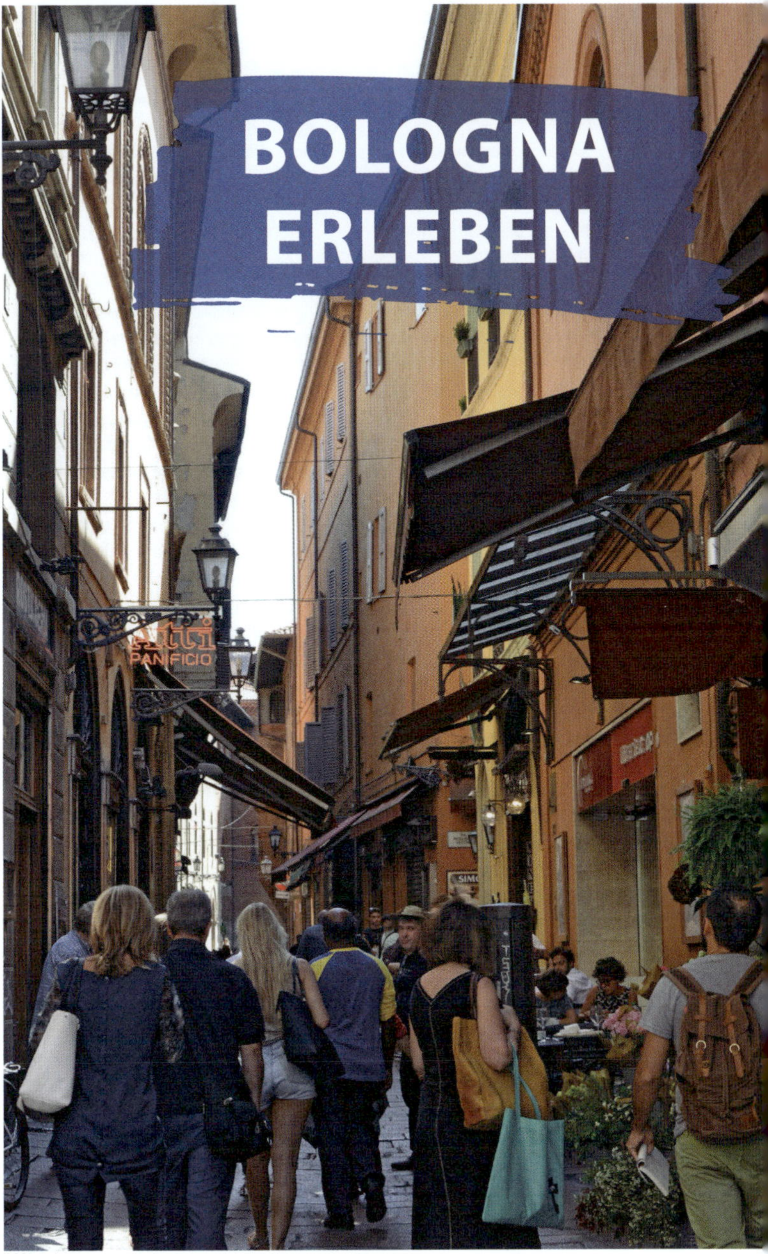

063bo-nh

Bologna für Kunst- und Museumsfreunde

In Bologna gibt es über 50 Museen, die viele Interessenschwerpunkte abdecken. Oft sind schon die historischen Palazzi sehenswert, in denen die Museen untergebracht sind. So kann man in der Pinacoteca Nazionale religiöse Werke alter Meister wie Giotto bewundern oder in der Bildergalerie des Palazzo Comunale Einblick in den Stil der Bologneser Schule, die aufgrund ihrer neuen Art der Freskenmalerei als Wegbereiter des Barock galt, mit Gemälden der federführenden Vettern Caracci, Guercino und Reni erhalten.

Im MAMbo kann man moderne Kunst anschauen. Hier ist auch dem Bologneser Maler Giorgio Morandi eine permanente Ausstellung gewidmet. Archäologische Funde aus der Frühgeschichte Bolognas zeigen das Museo Civico Archeologico und das Museo Civico Medievale. Auf dem Universitätsgelände wartet der Palazzo Poggi mit sieben wissenschaftlichen Museen und einem alten Observatorium auf. Zeitgleich zu den kulturellen Veranstaltungen und Festivals finden zudem oft auch thematische Ausstellungen statt (s. S. 90).

Museen

- M34 **Gelato Museum Carpigiani,** Via Emilia 5, 40011 Anzola dell'Emilia, Tel. 0516505306, www.gelatomuseum.com/en, geöffnet: Di–Sa 9–18 Uhr, Besuch nur im Rahmen einer vorgebuchten Tour, z. B. „Taste Gelato History", Dauer 1 Std., Eintritt: Erw. 7 €, erm. (Kinder 3–13 Jahre und mit Bologna Welcome Card) 5 €. Anreise: Mit dem Auto auf der A1 Richtung Milano bis Bologna Borgo Panigale oder mit Bus Nr. 87 von der Piazza XX Settembre [E1] bis Station Magli (ca. 35 Min). Hier kann man einen Kindertraum verwirklichen und im Eismuseum sein eigenes Eis herstellen.
- 9 [C2] **MAMbo (Museo d'Arte Moderna di Bologna) und Museo Morandi.** Das Museum zeigt moderne italienische Kunst aus verschiedenen Epochen und beherbergt auch das Museo Morandi mit Werken des gleichnamigen Künstlers (s. S. 23).
- 13 [E5] **Museo Civico Archeologico (Archäologisches Museum).** Zeitzeugen aus der interessanten Frühgeschichte Bolognas, der Villanova-Kultur, dem etruskischen Felsina und dem römischen Bononia (s. S. 29).
- 26 [H6] **Museo Civico del Risorgimento und Museo di Casa Carducci.** Hier bekommt man Infos zur Rolle Bolognas im Einigungskampf der Italiener und kann das Wohnhaus des Dichters Carducci besichtigen (s. S. 40).
- 7 [D4] **Museo Civico Medievale (Mittelaltermuseum).** Wertvolle Gemälde und Statuen aus den historischen Palazzi sind hier ebenso zu sehen wie mittelalterliche Kirchenschätze (s. S. 22).
- 19 [G5] **Museo Davia Bargellini und Museo Civico d'Arte Industriale (Museum für Industriekunst).** In einem herrschaftlichen Barockpalast zeigt das sogenannte „Industriemuseum" eigentlich Design und Gebrauchskunst aus dem 18. Jh. Außerdem sind Gemälde aus der Sammlung von Davia Bargellini zu sehen (s. S. 34).
- M35 [B5] **Museo della Resistenza,** c/o Ex Convento di S. Mattia, Via Sant'Isaia 20, Tel. 0513397231, Eintritt frei. Das in einem ehemaligen Augus-

◁ Vorseite: In den Gassen des Quadrilatero 10 herrscht den ganzen Tag lang Betrieb

tinerkloster untergebrachte Museum berichtet von der stolzen Tradition des antifaschistischen Widerstands in Bologna, der bereits nach dem Ersten Weltkrieg begann. Es zeigt den Einfluss, den die lokalen Widerstandsgruppen bei der Regierungsbildung nach dem Zweiten Weltkrieg hatten. Momentan aufgrund von Renovierungsarbeiten geschlossen.

M 36 Museo del Patrimonio Industriale, Ex Fornace Galotti, Via della Beverara 123, Tel. 0516356611, www.museibologna.it/patrimonioindustrialeen, geöffnet: 16. Juli–15. Sept. Fr 9–13 Uhr (nach telefonischer Voranmeldung), Eintritt Erw. 5 €, erm. 3 € (Studenten, Senioren über 65 Jahre), Kinder bis 18 Jahre frei. Der Schmelzofen in dem Backsteinbau aus dem Jahr 1887 war noch bis 1966 in Betrieb. Besonders interessant ist die Ausstellung über die Seidenindustrie in Bologna mit dem Modell einer historischen Seidenmühle.

M 37 Museo Ducati, Via Antonio Cavalieri Ducati 3, Borgo Panigale, Tel. 0516413343, www.ducati.com/ducati_museum/index.do, geöffnet: Mo, Di, Do–So 9–18, Eintritt: Erw. 17 €, erm. 15 €, geführte Touren (englisch) Mo, Di, Do, Fr 9.15–15.45 Uhr, Dauer: 60 Min., Preise: Erw. 32 €, erm. 28 € (mit Card Cultura, Senioren über 65 Jahren, Studenten), Kinder bis 11 Jahre frei. Hier kommen Motorradenthusiasten voll auf ihre Kosten: Von den ersten Modellen aus den 1950er-Jahren bis zu den modernsten Maschinen werden hier alle Ducati-Modelle im besten Licht gezeigt.

21 [F4] **Museo Ebraico di Bologna (Jüdisches Museum).** Das Museum dokumentiert die wechselvolle Geschichte der Juden in der Emilia-Romagna (s. S. 37).

18 [F5] **Museo internazionale e biblioteca della musica di Bologna.** Hier findet sich eine riesige Sammlung an historischen Musik-Memorabilia (s. S. 33).

Mein Tipp

Museumsbesuch preiswert

In den **städtischen Museen** (siehe www.museibologna.it) zahlen Jugendliche unter 18 Jahren, Studenten und Behinderte keinen Eintritt. Die **Card Cultura** und die **Bologna Welcome Card** (s. S. 113) ermöglichen ebenfalls freien Eintritt in die städtischen Museen und Ermäßigungen in vielen anderen Einrichtungen. Normalerweise ist zudem jeweils am **ersten Sonntag im Monat** der Eintritt für alle Besucher frei. Genaue Daten veröffentlicht die Stadt auf der folgenden Website: www.museidibologna.it/musei-gratis-bologna.

Die Statue Fontana di Mimmo Paladino steht auf dem Gelände der Manifattura delle Arti (s. S. 23)

035bo-nh

⑮ [E5] **Palazzo Pepoli mit Museo della Storia di Bologna.** Das Historische Museum bietet einen umfassenden Einblick in die Hintergründe der Stadtentwicklung (s. S. 31).

㉓ [G4] **Palazzo Poggi.** Die naturwissenschaftlichen Sammlungen der Universität sind hier in sieben Museen ausgestellt (s. S. 38).

Kunstgalerien

› **Collezioni Comunali d'Arte,** im Palazzo Comunale ④. Die städtische Gemäldegalerie zeigt Werke aus der Renaissance und der Bologneser Schule (s. S. 38).

G38 [C4] **Palazzo Pallavicini,** Via San Felice 24, Tel. www.palazzopallavicini.com, geöffnet: je nach Ausstellung Do–So 11–20 oder Fr–So 11–13, 16–21 Uhr. Werkschauen bekannter moderner Künstler wie Giorgio de Chirico oder Roberto Ferri im historischen Palast aus dem 15. Jh.

㉔ [G3] **Pinacoteca Nazionale.** Die Pinakothek beherbergt Kunst mehrerer Jahrhunderte aus den hiesigen Kirchen (s. S. 39).

Bologna für Genießer

„In Bologna wird in einem Jahr mehr gegessen als in Venedig in zwei, in Rom in drei, in Turin in fünf und in Genua in zwanzig Jahren" (Ippolito Nievo, „Bekenntnisse eines Italieners", 1867).

Nicht umsonst gilt Bologna unter Kennern schon lange als **Gourmet-Hauptstadt.** Der Beiname der Stadt „La Grassa" („Die Fette") zeigt schon, dass gutes und reichhaltiges Essen im Leben der Bürger einen großen Raum einnimmt. Auch im einfachsten Etablissement kann man hier mit einer hohen Speisenqualität rechnen und über zu kleine Portionen kann man sich fast nie beklagen. Tatsächlich stammen viele der bekanntesten Spezialitäten Italiens entweder aus Bologna oder aus den Nachbarstädten in der Gegend der Emilia-Romagna, zum Beispiel Parmaschinken und Parmesankäse aus Parma, Balsamicoessig aus Modena und feinstes Olivenöl aus Brisighella. Die Po-Ebene ist außerdem nicht nur ein Zentrum der Schweinezucht, hier wird auch der Weizen für

037bo-nh

Nudelwaren und Reis für Risotto angebaut. Zudem gibt es zahlreiche Obstplantagen.

Bologneser Spezialitäten

Bologna ist der Geburtsort der Fleischsoße **Ragù**, die im Ausland als Bolognese-Soße bekannt ist. Sie bildet den Grundstock für Lasagne, die ebenfalls in Bologna erfunden wurde. Authentisches *Ragù* besteht aus Schweine- und Rinderhackfleisch mit ordentlichem Fettgehalt und muss bis zu vier Stunden gekocht werden, meist wird auch noch Milch oder Sahne beigegeben. Das *Ragù* wird hierzulande immer mit Eiernudeln wie den goldgelben Bandnudeln **Tagliatelle** serviert, die auch in Bologna erfunden wurden. Auf keinen Fall serviert man die Soße jedoch mit Spaghetti.

Wenn es um Nudeln geht, werden die Bologneser poetisch: Die Tagliatelle sollen im Jahr 1487 von einem Koch für die Hochzeitsfeierlichkeiten des Fürsten Annibale II. Bentivoglio kreiert worden sein und symbolisierten das goldene Haar von dessen Angetrauter, Lucrezia d'Este.

Auch **Tortellini** und andere Teigtaschen stammen aus Bologna. Tortellini sind angeblich dem Nabel der Venus nachempfunden, den ein neugieriger Koch durch ein Schlüsselloch erspähte, als die Liebesgöttin einst zu einem Schäferstündchen mit Jupiter in ein Bologneser Gasthaus einkehrte ... Die mit Hackfleisch, Schinken, Mortadella (oder mit allen dreien) gefüllten Nudeltaschen gibt es frisch oder getrocknet in vielen Geschäften

◁ Wurst- und Käseplatten sind auch als Hauptgericht beliebt und werden in Enotecas angeboten

Gastro- und Nightlife-Areale

Bläulich hervorgehobene Bereiche in den Karten kennzeichnen Gebiete mit einem dichten Angebot an Restaurants, Bars, Clubs, Discos etc.

kiloweise zu kaufen. Tortellini werden entweder in einer einfachen Brühe *(in brodo)* gereicht oder man serviert sie mit einer Soße aus zerlassener Butter und Salbei. Das Gleiche gilt für **Ravioli**, die entweder mit Wurst, Speck oder Ricotta und Spinat gefüllt sind, und auch für **Cannelloni**, die es z. B. mit Kürbisfüllung gibt. Diese Teigwaren sollte man unbedingt mit einer der hier typischen, einfachen, aber extrem schmackhaften Soßen probieren, z. B. mit Speck *(speck)*, Steinpilzen *(porcini)*, den berühmten weißen **Trüffeln** *(tartuffo bianco)* oder scharf gewürzt mit Chilis und Tomaten.

Die bekannte, mit Speckwürfeln gespickte Schinkenwurst **Mortadella** ist ebenfalls eine Delikatesse aus Bologna. In Metzgereien und auf Märkten, wo übergroße Mortadellas neben Schinkenkeulen von der Decke hängen, wird eine riesige Auswahl an **Wurstwaren** *(salumi)* angeboten, vom Edelschinken *Culatello* über Salami bis *Salsiccia* (eine grobe Bratwurst). Die Wurst dient als Füllung für Nudelwaren und das Wurstbrät der *Salsiccia* findet man sogar als Pizzaauflage. Fleischlastig ist auch der traditionelle **Bollito Misto**, ein Eintopf aus mehreren Fleischsorten wie Rind, Kalb, Huhn und Zunge.

Typische **Süßspeisen**, die man in der Region findet, sind z. B. die **Zuppa inglese**, ein knallroter Schichtkuchen mit Vanillesoße und Fruchtmus, der auf den englischen *trifle* zurückgeht. Recht verbreitet sind auch die **Torta**

di riso, ein Kuchen aus Mandeln und Milch, oder **Castagnaccio** aus Kastanienmehl und Pinienkernen. Die Crèmeschnitten und Sachertorten, die man in den *pasticcerias* der Stadt findet, sind ein Überbleibsel aus der Zeit, als die österreichischen Habsburger die Emilia-Romagna regierten.

Unter den **Weinen** der Region beeindrucken der rote **Sangiovese** und der weiße **Albana di Romagna.** Auch auf den Apennin-Hügeln rund um Bologna wachsen Reben wie Pinot Bianco, Chardonnay und Riesling, die unter der Herkunftsbezeichnung *(denominazione)* **Colli Bolognesi** verarbeitet werden. Der ebenfalls hier heimische, leicht prickelnde **Lambrusco** hat zu Unrecht einen schlechten Ruf: Vor Ort findet man trockene und halbtrockene leichte Varianten, die sich gut mit den schweren Fleischgerichten vertragen.

MEIN TIPP

Eiskunst: Gelato mal süß und mal herzhaft

Die Bologneser sind ganz verrückt nach *gelato* (Eis). Viele der zahlreichen, hypermodern bestückten Eisdielen überbieten sich regelrecht im Erfinden neuer und ausgefallener Geschmacksrichtungen. Diese sind oft eher herzhaft als süß, wie z. B. Birne mit Gorgonzola. Auf historischen Rezepten basieren hingegen die neu aufgelegten Kreationen von Gianni Figliomeni. Sein Salon **Il Gelatauro** (s. S. 77) wurde von der Financial Times zu den 25 besten Eisdielen der ganzen Welt gekürt. Eisfans sollten sich zudem einen Besuch im Eismuseum mit Eisakademie nicht entgehen lassen, wo man beim Workshop sogar seine eigene Eissorte herstellen kann.

› **Gelato Museum Carpigiani** (s. S. 68)

Vom Frühstück bis zum Abendessen

Zum Frühstück trinkt man in Bologna wie auch anderswo in Norditalien schwarzen **Kaffee** bzw. Espresso *(caffè)* oder einen Capuccino mit Milchhaube. Wer Latte Macchiato bestellt, bekommt ein Glas mit aufgeschäumter Milch ohne Kaffee. Man kann aber Kaffee dazubestellen und nach Geschmack zugeben. Zu dem starken Kaffee erhält man normalerweise ein kleines Glas kaltes Wasser, das man nebenbei trinkt.

Für Italiener besteht das **Frühstück (Prima Colazione)** vor allem aus **Süßwaren** *(dolci)*. In Hotels und anderen Unterkünften wird daher immer eine große Auswahl an Süßem serviert. Die Bandbreite reicht vom mit Schokolade gefüllten Croissant bis hin zu Nusskuchen. Wem das nicht süß genug ist, der findet zudem noch Honig und Marmelade. Zerealien, Fruchtsäfte und frisches Obst stehen normalerweise ebenfalls zur Auswahl. Weitere beliebte **Backwaren** sind Zwieback, Crostini, Biscotti (Hartkekse) oder Cantucci (mit Mandeln), die in den Kaffee getunkt werden. In den meisten Hotels wird zudem eine Auswahl an pikanten Gerichten *(salate)* angeboten, darunter Rühreier oder gekochte Eier, Schinken und Käse, Tomaten, Oliven, Sandwiches o.Ä.

Wohl aufgrund der Fleischlastigkeit und weil viel mit Schweineschmalz *(strutto)* gekocht wird, gilt die **Küche der Emilia-Romagna** als schwer und reichhaltig. Wer die richtige Auswahl trifft, kann sich aber mit Gemüserisotto oder Grillfleisch und Salat durchaus auch kalorienärmer ernähren. Fast-Food-Etablissements findet man in Bologna kaum. Tagsüber kann man sich gut mit Backwaren,

040bo-nh

Pizzastücken oder Sandwiches verköstigen, die in Bäckereien *(panetteria)* oder Cafés in unzähligen Variationen angeboten werden. Die meisten **Restaurants** öffnen zwischen 12 und 15 Uhr zum **Mittagessen (Pranzo)** und dann allerdings erst wieder ab 19 Uhr zum Abendessen **(Cena).** Wer normalerweise ein frühes Abendessen gewohnt ist, sollte dies bei der Tagesplanung beachten.

Um die Wartezeit zu verkürzen, begeben sich die Bologneser zwischen 16 und 19 Uhr zum sogenannten **Aperitivo** (s. S. 79) in die zahlreichen Café-Bars, wo man sättigende Vorspeisensnacks als kostenfreie Zugabe zum Getränk erhält. Zum Nachmittagskaffee servieren einige Cafés auch kostenlose süße Snacks wie *bombolini* (Krapfen mit Cremefüllung).

Wer typisch italienisch **zu Abend essen** will, sollte sich an die Folge der Gänge halten, d. h. **Antipasti** (Vorspeisen), **Primi Piatti** (erster Gang), **Secondi Piatti** (zweiter Gang) und **Dolci** (Nachspeisen). Der erste Gang besteht üblicherweise aus einem Nudelgericht, Risotto oder wahlweise auch Salat. Als zweiten Gang isst man Fleisch, Fisch oder auch Pizza. **Beilagen** *(contorni)* werden gesondert bestellt. Oft gibt es auch Menüoptionen mit Fleisch oder Fisch. Mindestens sollte man jedoch ein Nudelgericht und dazu eine Beilage wie Salat bestellen, sonst blickt der Wirt unmutig drein. In Bologna sind auch **Wurst- und Käseteller** *(tagliere)* als Hauptgericht recht verbreitet, die man z. B. in einer Enoteca auch ohne Vorspeise bestellen kann.

Mit dem **Trinkgeld** *(mancia)* hält man es in Italien wie auch in Nordeuropa (10 % der Rechnung), allerdings rundet man die Rechnung nicht auf, sondern lässt das Trinkgeld dezent auf dem Tisch liegen. Liest man auf der Speisekarte „servizio compreso", ist der Servicebetrag bereits eingeschlossen und man muss nicht unbedingt etwas geben. Den **coperto**, einen Aufschlag, der für das Gedeck und den Brotkorb verlangt wird, muss man aber immer zahlen.

Die Bologneser lieben Gelato in allen Geschmacksrichtungen

Hervorhebenswerte Lokale

Einfache und preiswerte Gerichte gibt es in Osterien, Trattorien und Pizzerien. Einfache Snacks werden auch in Enotecas (Weinbars) serviert. Im Ristorante geht es feiner zu und hier sollte man mehrere Gänge einplanen. Von den „Foodies" dieser Welt wurde Bologna zwar zur Schlemmerhauptstadt Italiens gekürt, für die Gaumen der Guide-Michelin-Inspektoren ist die lokale deftige Küche aber wohl nicht raffiniert genug. So kann die Stadt nur ein einziges Sternerestaurant aufweisen, und zwar im Hotel I Portici (s. S. 124), das allerdings neapolitanische Küche serviert.

Osteria, Trattoria, Pizzeria, Enoteca

39 [E5] **051 – Zerocinquantello** €, Via Pescherie Vecchie 2/b, Tel. 0510470743, Facebook, geöffnet: tgl. 11–1 Uhr. Eine der beliebtesten Enotecas im Quadrilatero. Hier gibt es gehaltvolle „Snacks" von Fleischbällchen über Lasagne bis zu Wurstplatten kombiniert mit ausgesucht guten Weinen und Bieren. Die Eigentümer betreiben mehrere Etablissements in der Stadt, auch die benachbarte Osteria Zerocinquantino.

40 [E4] **Bottega Portici 2 Torri** €, Piazza di Porta Ravegnana 2, Tel. 0512964211, www.bottegaportici.it, tgl. 7.30–22 Uhr, Fr, Sa 7.30–23 Uhr. Im Ableger des Sternerestaurants im Hotel I Portici geht es zwanglos und freundlich zu. Man kann zuschauen, wie die Pasta gewalkt wird und blickt auf die Due Torri.

› **Il Caffè della Corte** €€€, Corte Isolani (s. S. 32), Tel. 051261555, www.ilcaffedellacorte.it/en, geöffnet: Mo, Mi–Fr 12–16 u. 19–23, Di 12–16, Sa 12–24, So 12–23 Uhr. Dieses Bistro bietet ganztags Snacks wie Käse- und Schinkenplatten oder Lasagne und natürlich auch Getränke an.

41 [E4] **La Prosciutteria** €€, Via Guglielmo Oberdan 19/a, Tel. 0510453717, www.laprosciutteria.com, geöffnet: tgl. 11.45–23 Uhr. Der angesagteste Treffpunkt in der Via Oberdan: In dieser Osteria/Enoteca im Vintage-Stil sitzt man dichtgedrängt auf Bänken und knabbert an den Leckereien auf den besten Wurst- und Käsetellern der Stadt.

42 [E3] **Osteria dell'Orsa** €, Via Mentana 1, Tel. 051231576, www.osteriadellorsa.com, geöffnet: tgl. 12.30–23 Uhr. Gut besuchter „Hipster"- und Studententreff im Univiertel mit guter Küche zu erschwinglichen Preisen.

43 [E5] **Osteria del Podestà** €€, Via degli Orefici, www.osteriadelpodesta.com, Tel. 051273829, geöffnet: tgl. 11–23 Uhr. Gleich um die Ecke von der Piazza Maggiore 1 und mit geräumiger Außenterrasse auf der verkehrsberuhigten Straße. Ganztags beliebt und belebt.

44 [D3] **Ristorante Pizzeria Mangiassieme** €€, Via de' Falegnami 5b, Tel. 0515878650, https://mangiassieme.business.site, geöffnet: tgl. 12–24 Uhr. Einfaches Restaurant mit guter Pizza und einer großen Auswahl an Nudel-, Fleisch- sowie Fischgerichten.

45 [E5] **Rosa Rose Bistrot** €€, Via Clavature 18/b, Tel. 3334127831, www.rosarose.it, geöffnet: Mo–Fr 9.30–1, Sa, So 8.30–1 Uhr. Unkompliziertes Bistro mit netter Außenterrasse.

46 [F4] **Scuderia Future Food Living Lab** €, Piazza Giuseppe Verdi 2, Tel. 0516569619, https://scuderia.futurefood.network, Mo–Sa 9–24, So 10–24 Uhr. In diesem studentischen Essensraum gibt es verschiedene Pop-up-Restaurants, die Nudeln oder Bowls mit Gemüse und Getreide servieren. Hier kann man ungeniert den Laptop auspacken.

47 [E5] **Sfoglia Rina** €, Via Castiglione 5/b, Tel. 0519911710, www.sfogliarina.it, geöffnet: tgl. 9–21 Uhr. Pasta mit

Familientradition: Hier werden nur frische, eigenhändig hergestellte Nudelwaren serviert. Das Restaurant ist im Stil einer modernen Küche gestaltet und man kann dort in gemütlichem Ambiente ausgefallene Nudelsorten mit leckeren Soßen probieren.

48 [D5] **Trattoria Battibecco** €€€, Via Battibecco 4/b, Tel. 051223298, www.battibecco.com, geöffnet: Mo–Fr 12.45–14, 19.45–22 Uhr, Sa 19.45–22 Uhr. Modernes Ambiente und feine Küche – hier isst auch das Auge mit.

49 [E3] **Trattoria dal Biassanot** €€, Via Piella 16/a, Tel. 051230644, https://dalbiassanot.it, geöffnet: tgl. 12–14.15, 19–22.15 Uhr. Traditionelle Bologneser Spezialitäten und dazu ein seltener Blick auf den Canal di Reno von der Via Piella.

50 [E3] **Trattoria Montanara** €, Via Augusto Righi 15/a, Tel. 051221583, www.trattorialamontanara.com, geöffnet: Mo–Sa 12–14.45, 19–22.45, So 12–14.45 Uhr. Beliebte kleine Trattoria an der Gastromeile Via Righi.

51 [D4] **Trattoria Osteria Buca Manzoni** €, Via Manzoni 6g, Tel. 051271307, www.bucamanzoni.it, geöffnet: Mo, Mi, Do 12–15.30, 19–23.30, Fr–So 12–16, 19–23.30 Uhr. Dieses Restaurant in einem gemütlichen Kellergewölbe ist direkt neben dem Museo Civico Medievale 7 in einer ruhigeren Seitenstraße gelegen. Hier werden klassische Bologneser Gerichte serviert.

Ristorante

52 [B4] **Ristorante Casa Monica** €€€, Via San Rocco 16, Tel. 051522522, https://casamonica.it, geöffnet: tgl. 19–23 Uhr. Täglich wechselnde Karte mit saisonalen Produkten, schöner Garten im Innenhof nahe des Giardino Via San Rocco.

53 [E5] **Ristorante Clavature** €€, Via Clavature 17/c, Tel. 051264353, www.clavature.it, geöffnet: tgl. 11–24 Uhr. In

082bo-nh

In der Bogetta Portici 2 Torri wird der Nudelteig vor aller Augen gewalkt

MEIN TIPP

Dinner for One

Italienische Gastronomen bedienen alle Gäste mit Aufmerksamkeit und halten auch gern ein Schwätzchen mit allein speisenden Gästen. Daher kann man eigentlich in jedem Restaurant in Bologna auch gut solo einkehren. In der **Osteria dell'Orsa** (s. S. 74) sitzt man nahe beieinander und kommt schnell ins Gespräch. Auch im **Mercato delle Erbe** (s. S. 78) oder im **Scuderia Future Food Living Lab** (s. S. 74) gibt es die Möglichkeit, ungezwungen mit anderen ins Gespräch zu kommen oder wahlweise allein zu sitzen. Im **Ca' Pelletti** (s. S. 77) gibt es genug Raum auch für Einzeltische.

Preiskategorien

€	bis 15 €
€€	15–22 €
€€€	ab 22 €

Die Preiskategorien beziehen sich auf ein Hauptgericht ohne Getränke und *coperto*.

einer der ruhigeren Gassen des Quadrilatero. Traditionelle Rezepte der emilianischen Küche modern angerichtet.

54 [G5] **Scaccomatto** €€€, Via Broccaindosso 63/b, Tel. 051263404, www.ristorantescaccomatto.com, geöffnet: Mo, Mi–So 19.30–22.30, Do–So auch 12.30–14.30 Uhr. Modern-mediterrane Küche mit einfallsreichen Rezepten. So gibt es Leberpastete mit Feigen, Lammsalat mit Sesamsoße oder auch Kasserolle aus Tintenfisch mit Bohnen.

55 [D5] **Vicolo Colombina** €€€, Vicolo Colombina 5/B, Tel. 051233919, www.vicolocolombina.it, geöffnet: Mi–Mo 12–14, 19.30–22 Uhr. Wer fein und mehrgängig speisen möchte, ist hier richtig. Die Karte enthält ausgewählte Köstlichkeiten und es gibt regionale Weine.

Cafés

56 [D1] **Bar River,** Via Giovanni Amendola 13, Tel. 0519922513, geöffnet: Mo–Fr 7–20, Sa 7.30–15.30 Uhr. Einfache Café-Bar nahe Bahnhof, in der man preiswert frühstücken und lunchen kann.

57 [E4] **Caffè Terzi,** Via Guglielmo Oberdan 10/d, Tel. 0510344819, www.caffeterzi.it, Mo–Sa 8–18 Uhr. Die Familie Terzi mischt ihre eigenen Kaffeesorten und jede Tasse wird mit professioneller

MEIN TIPP

Lecker vegetarisch

Auch wenn die Küche auf Fleisch ausgerichtet ist, finden Vegetarier und Veganer in Bologna ausreichend Restaurants, die fleischlose Gerichte servieren.

58 [D5] **Botanica Lab Cucina** €€, Via Battibecco 4c, Tel. 0510071532, www.botanicalab.com, geöffnet: Di–So 12.30–15, 19.30–22 Uhr. Modern und stylish, einfallsreiche pflanzenbasierte Gerichte im gehobenen Restaurant-Stil.

59 [G2] **Estravagario** €, Via Mascarella 81h, Tel. 0514210582, www.estravagario.org, geöffnet: Mo–Sa 11–16 Uhr. Beim üppigen Lunch und Brunch (Sa) mit Suppen, Gemüsen und Pasteten kann man sich richtig satt essen. Das Café befindet sich am Nordende der Via Mascarella in der Nähe des Botanischen Gartens (s. S. 89).

60 [F4] **Malerba (by Centro3centro Veg)** €, Via Giuseppe Petroni 15b, Tel. 3429819151, www.malerbanaturalfood.it, geöffnet: Mo–Fr 8.30–17, Sa 9.30–22.30 Uhr. Diese Paninoteca bietet biologisch angebautes Street Food, darunter auch vegetarische Gerichte wie Salate. Man legt Wert auf Nachhaltigkeit und benutzt u. a. kompostierbares Geschirr und Besteck.

61 [A3] **Missfagiola Green Lab** €, Via San Felice 116b, Tel. 0510827361, https://missfagiola.com, geöffnet: Mo–Fr 12–16 Uhr. Vegane Nudel-Bowls und Sandwiches, dazu Shakes aus Soja-, Kokos- oder Reismilch mit frischen Früchten. Saisonale und regionale Produkte, Verpackungen und Geschirr sind umweltfreundlich.

62 [F6] **RapaRossa** €, Via Castiglione 51c, Tel. 03201803593, https://laraparossabistrot.it, geöffnet: Mo, Di, Do 8.30–17, Mi, Fr 8.20–22, Sa 11–15 Uhr. Das nach der roten Bete benannte Restaurant serviert mehrgängige Menüs oder auch nur *tigelle* (Brotfladen) mit Füllung. Auch glutenfreie Gerichte. Die Rezepte sind sattmachend und bieten etwas fürs Auge.

63 [B4] **Trattoria Baraldi** €, Via del Pratello 40, Tel. 051235574, www.trattoriabaraldi.it, tgl. 12.30–14.30, 19.30–23 Uhr. Trattoria und Pizzeria. Vegetarisches Lunchmenü 11 €/Dinner 13 €.

Präzision zubereitet. Daneben wird auch ein großes Sortiment an Tees angeboten.

64 [D4] **Caffè Vittorio Emanuele,** Piazza Maggiore, 1, Tel. 051265796, Facebook, geöffnet: tgl. 7–24 Uhr. Das Café unter den Arkaden des Palazzo Re Enzo ist zwar teuer, aber von hier aus hat man einen unschlagbaren Blick auf die Piazza Maggiore 1.

65 [E5] **Caffè Zanarini,** Piazza Galvani 1, Tel. 0512750041, http://antoniazzi.biz/barcaffe/caffe-zanarini, geöffnet: tgl. 7–21 Uhr. Schickes Café auf der Piazza Galvani beim Archiginnasio 14 mit einer riesigen Auswahl an feiner Patisserie und guten Aperitivo-Häppchen.

66 [E4] **Ca' Pelletti,** Via Altabella 15c/d, www.capellettilocandaitalia.it, Tel. 051266629, geöffnet: tgl. 8–22 Uhr. Große Auswahl an sättigenden Frühstücksgerichten wie Müsli, Joghurt, Eier und Sandwiches; auch vegetarische und vegane Gerichte. Es gibt mehrere Filialen in der Stadt. Die selbstgemachten Nudelprodukte kann man vor Ort auch zum Mitnehmen kaufen.

67 [E5] **Casa Minghetti,** Galleria Cavour, Piazza Minghetti 1/a, Tel. 0515876685, Facebook, Mo–Do 8.30–24, Fr, Sa 8.30–1 Uhr. Die Café-Bar an der baumbestandenen Piazza serviert ganztags Snacks und kleine Gerichte, u. a. auch Brunch.

68 [E3] **Naama Caffè,** Via Oberdan 31/b, Tel. 3887306299, Facebook, geöffnet: Mo, Mi–Fr 7.30–19, Sa, So 8–19 Uhr. Ein Hauch vom Orient umgibt einen in diesem Arkaden-Café mit türkischen, marokkanischen und italienischen Kaffeespezialitäten und den unbedingt dazugehörigen Süßwaren.

Gelaterias und Pasticcerias

69 [C4] **Cremeria San Francesco** ✿, Piazza S. Francesco 1/b, Facebook, Tel. 051233230, geöffnet: Mo 15.30–23, Di–Sa 12–24, So 11–24 Uhr. Aus Milch und Früchten vom Biohof kreieren Barbara und Renato cremiges Eis und leckere Sorbets. Ganz besonders empfehlenswert sind die Eis-Sandwiches aus Biokeksen.

70 [E4] **Gelateria Gianni,** Via San Vitale 2, Tel. 051233008, www.gelateriagianni.com, geöffnet: Mo–Sa 12–23, So 11–23.30 Uhr. Die ausgefallenen Eissorten hier beinhalten auch vegane und glutenfreie Eiscreme. Es gibt verschiedene Filialen in der Stadt.

71 [G4] **Il Gelatauro,** Via San Vitale 98/b, Tel. 051230049, https://ilgelatauro.wordpress.com, geöffnet: Mo 8.30–20, Di–Do 8.30–22.30, Fr, Sa 8.30–23, So 8.30–20.30 Uhr. Exotische Eiscremekombinationen und Kuchen. Im Som-

MEINE TIPPS

Der erste Kaffee

Im luftigen und freundlichen Café Pappare' sitzt man unter den Arkaden der Via de' Giudei. Es wird ein fantasiereiches Frühstücks- und Brunchmenü geboten, u. a. mit Croissants und Gebäck, Joghurt-Müsli, Pfannkuchen, Toast mit Avocado und sogar englischem Frühstück.

72 [E4] **Pappare',** Via de' Giudei 2, Tel. 0510954088, www.papparreale.it, geöffnet: tgl. 8–18.30 Uhr

Für den späten Hunger

In der Stadt der „Nachtkauer" bieten die meisten **Osterias** (s. S. 81) noch mindestens bis Mitternacht den Magen füllende Snacks an. In Musikkneipen oder ausgewiesenen Studentenkneipen wie der **Bar Wolf** (s. S. 80) oder der **Cantina Bentivoglio** (s. S. 82) wird noch bis nach 24 Uhr Essen serviert. Die **Gelateria Il Gelatauro** (siehe unten) verkauft im Sommer von 0 bis 1 Uhr für Nachtschwärmer ihre Eiscreme vom Ladenfenster aus.

Mein Tipp

Schlemmen für den kleinen Geldbeutel

Die größte Markthalle der Stadt, der **Mercato delle Erbe,** versteckt sich in einer Passage zwischen Geschäften auf der Via Ugo Bassi. Unzählige Stände quellen hier vor Lebensmitteln über. Links und rechts von der Haupthalle gibt es Gastronomiebereiche mit einer großen Auswahl an **Street Food.** Hier kann man vom Morgen bis zum Abend sehr gut preiswert speisen. Von Pizza bis Dim Sum ist alles zu haben. Das Mobiliar ist einfach und man holt sich sein Essen an der Theke. Die Atmosphäre in der Halle ist ungezwungen und gesellig.

76 [C4] **Mercato delle Erbe** €, Via Ugo Bassi 23–25, Tel. 051230186, www.mercatodelleerbe.eu, geöffnet: Mo–Do 7–24, Fr, Sa 7–2 Uhr. Die Öffnungszeiten der Gastronomiestände variieren.

Der Mercato delle Erbe ist ein Paradies für Genießer

mer wird von 0 bis 1 Uhr nochmal Eis vom Fenster aus an Nachtschwärmer verkauft. Die auf historischen Rezepten basierenden Kreationen gehen teilweise auf das Jahr 1912 zurück. Sie werden als „Gelato Ritrovato" bei den Open-Air-Kinoveranstaltungen des Cinema Ritrovato (s. S. 91) serviert.

73 [E3] **Majori,** Via Marsala 16/c, Ecke Via Oberdan, Tel. 3737810781, Facebook, geöffnet: Di–So 11–24 Uhr. Einfallsreiche Sorten, Frozen Yogurt und leckere Torten.

74 [E5] **Pasticceria Caffetteria Santo Stefano,** Via Santo Stefano 3, Tel. 051224160, Facebook, geöffnet: Di–So 7–22 Uhr. Neben Eiscreme gibt es hier eine riesige Auswahl an fantasievollem Gebäck und leckeren Torten.

75 [C4] **Pasticceria Gamberini,** Via Ugo Bassi 12, Tel. 0512960467, https://gamberini.eu/locale-storico-italia-caffe-pasticceria, geöffnet: So–Do 7–21, Fr, Sa 7–22 Uhr. Konditorei mit Tradition, die auf das Jahr 1907 zurückgeht. Hier gibt es Kaffee, Tee und *dolci* (süßes Gebäck) vom Feinsten in historischem Ambiente.

Bologna am Abend

Für eine mittelgroße Stadt bietet Bologna Nachtschwärmern ein vielseitiges Nachtleben an. Zahlreiche kulturelle Veranstaltungen wie Theaterstücke, Konzerte, Tanz und Festivals locken die Anwohner in die Innenstadt und in die umliegenden Bezirke. Die Restaurants, Enotecas und Bars sind auch an Wochentagen gut bevölkert, denn miteinander essen ist ein fester Bestandteil der italienischen Abendgestaltung. Dabei sind die Übergänge fließend, denn auch Musikclubs und Bars bieten Speisen an. Somit ist die Innenstadt am Abend fast genauso belebt wie tagsüber.

Wenn in den Sommerferien Studenten und Anwohner die Stadt verlassen, um den August am Meer zu verbringen, machen viele Etablissements ebenfalls **Sommerpause.** In dieser Zeit finden dann in fast allen städtischen Parks Open-Air-Veranstaltungen statt, so zum Beispiel im Rahmen des Kultursommers Bologna Estate (s. S. 91).

Nachtleben

Sofern die Temperaturen es erlauben (was fast immer der Fall ist), gibt es Tische im Freien – bei Platzmangel stellt man sich mit seinem Drink einfach vor das Lokal. Im studentischen Bezirk rund um die **Piazza Verdi** [F4] und entlang der **Via Zamboni** [E/G4] finden sich oft größere Gruppen von Studenten und jungen Nachtschwärmern der Alternativszene unter den Arkaden zusammen und trinken im Freien. Im Innenstadtbereich drängen sich in den engen Gassen des **Quadrilatero** (10) Yuppies auf den Terrassen der Delikatessenläden aneinander. Eine ähnliche Klientel findet man auf der **Via Oberdan** [E3/4], die von Restaurants und Kneipen gesäumt ist. Ein Hipster-Treffpunkt sind die Gassen rund um die **Via del Pratello** [A/C4] im **Kultur-Viertel Porta Saragozza.** Anfang des 20. Jh. befand sich hier das Rotlichtviertel der Stadt und seit den Zeiten der Studentenproteste in den 1960er-Jahren ist es eine Hochburg der Alternativszene und der Kunststudenten aus der benachbarten Fakultät für Kunst, Musik und Darstellende Kunst. Die Gelage auf den hiesigen Straßen nehmen manchmal volksfestähnliche Ausmaße an (sehr zum Leidwesen der Anwohner).

MEIN TIPP

Aperitivo

Vom Spätnachmittag bis zum frühen Abend (ca. 16–19 Uhr) kehren Bologneser scharenweise in die Bars und Café-Bars der Stadt ein, um einen **vorabendlichen Aperitivo** einzunehmen. Ein beliebter Drink ist z. B. **Spritz,** d. h. eine Mischung aus Prosecco (oder Weißwein), Soda und bitterem Likör wie Aperol oder Campari.

Einen besonderen Anreiz stellen beim Aperitivo die **kostenlosen Häppchen** dar, die man zum Getränk bekommt (vorausgesetzt, man gibt mindestens fünf bis acht Euro aus). Das Angebot variiert je nach Etablissement: Bei einigen Bars bekommt man einen fertigen Teller vorgesetzt, bei anderen wiederum werden fürstliche Selbstbedienungsbüfetts aufgefahren. Es gibt u. a. belegte *crostini* (überbackenes Röstbrot) und *piadini* (Fladenbrot) über Pizzastückchen oder in Schmalz gebackene, gefüllte Teigteilchen wie *tigelle, torta fritta* oder *borlengho* bis zu kleinen Bechern mit Pasta, Reis oder Salat, Fleisch und sogar Nachtisch.

041bo-nh

Wer die Nacht in großen **Clubs** durchtanzen will, wird außerhalb des Zentrums, z. B. auf der Via Stalingrado nahe der Messe Bologna Fiera, fündig. Die Clubs sind zwar weiter entfernt, werden aber von Nachtbussen bedient. **Livemusik und DJs** gibt es aber auch in kleineren Clubs im Universitätsviertel rund um die Via Zamboni. Bologna hat auch eine breitgefächerte Livemusikszene, von Jazz bis Indie ist alles vertreten.

Im Quadrilatero 10 *wird abends gefeiert*

Bars und Kneipen

77 **Bar Wolf,** Via Massarenti 118, Tel. 051342944, www.bar-wolf.it, geöffnet: tgl. 7.15–15, 19.15–2 Uhr. Bereits seit 1960 fungiert diese Bar tagsüber als eine Art American Diner. Bis spät in die Nacht werden Sandwiches und Hamburger serviert.

78 [E5] **Bebi Bar,** Vicolo Ranocchi 1, geöffnet: Mo–Sa 18–1, So 17–24 Uhr. Diese angesagte Miniaturbar direkt neben der Osteria del Sole (s. S. 81) gehört derselben Familie und wird heute vom Neffen der Eigentümerin, Vincenzo Spoalore, geführt. Die Gäste weichen meist auf die Gasse aus, da innen einfach nie genug Platz ist.

79 [F5] **Birreria Popolare,** Via dal Luzzo 4a, Tel. 348035 4453, geöffnet: So–Do 17–1, Fr, Sa 17–2 Uhr. Entspannte Kneipe in einer Seitenstraße der Strada Maggiore, mit Livemusik an ausgesuchten Daten. Hier werden Craftbiere serviert, Essen kann man selbst mitbringen.

80 [E4] **Caffè Zamboni,** Via Zamboni 6b, Tel. 051273102, geöffnet: Mo–Do 7.30–0.30, Fr, Sa 7.30–2, So 8.30–0.30 Uhr. Das üppige Vorspeisenbüfett in diesem einfachen Café in der Via Zamboni ist definitv auf arme Studenten ausgerichtet, die sich hier regelmäßig sattessen können.

81 [E3] **Cantinella Ristoro all'Arena del Sole,** Via dell'Indipendenza 44, Tel. 0512910910, geöffnet: Di–Sa 19–24 Uhr. Die Kneipe im romantischen Innenhof des Theaters Arena del

Smoker's Guide

Das Rauchen ist in allen geschlossenen öffentlichen Räumen verboten und nur in gesonderten Raucherzimmern bzw. auf Außenterrassen erlaubt. Bei Verstößen werden hohe Bußgelder erhoben.

Bolognas Osterias – Orte der Geselligkeit für „Nachtkauer"

Traditionell waren **Osterien** spärlich ausgestattete Gasthäuser („oste" bedeutet Gastgeber), die einfachen Leuten kleinere Gerichte, eine Auswahl an Hausweinen und oft auch Betten für die Übernachtung anboten. Hier ging es ungezwungen zu und die Geselligkeit stand im Vordergrund. In der Universitätsstadt Bologna gab es im 13. Jh. fast 150 Tavernen, die Studenten und Professoren regelmäßig zu ihren Gästen zählten. Hier wurde abseits des Unterrichts miteinander philosophiert. Hinzu kamen Durchreisende, denn die Stadt lag an der Kreuzung vieler Reiserouten.

Noch heute sind Osterien in Bologna Dreh- und Angelpunkt der abendlichen Geselligkeit. In der Bologneser Mundart werden Nachtschwärmer als „biasanot", („Nachtkauer") bezeichnet. Ob das nun damit zu tun hat, dass ständig etwas geknabbert wird, oder damit, dass ihr Mundwerk nie stillsteht, ist dabei nicht klar. Osterien sind jedenfalls bei allen Generationen beliebt, auch wenn das Speisenangebot je nach Lokal durchaus stark variieren kann.

In der Emilia-Romagna befinden sich drei der ältesten Osterien Italiens. Eine davon ist die **Osteria del Sole** (s. unten) in Bolognas Altstadt. An dieser Stelle stand bereits seit 1465 eine Taverne und noch heute folgt man hier der alten Tradition einer denkbar einfachen Lokalität: Das unscheinbare Äußere der Kneipe in der kleinen Seitengasse Vicolo Ranocchi im Quadrilatero könnte man tagsüber beim Vorbeigehen fast übersehen – nicht zuletzt weil gar kein Name über der Tür steht. Die Osteria ist tagsüber zur Mittagspause beliebt, weil man seinen eigenen Lunch vom Markt mitbringen kann – hier gibt es nämlich nur Getränke. Gegen Abend zeugen große Menschentrauben in der Gasse von der ungebrochenen Beliebtheit des Kultlokals.

Sole (s. S. 83) bietet eine tolle Atmosphäre abseits der geschäftigen Via dell'Indipendenza. Man kann Cocktails, Weine und leckere Snacks genießen.

82 [F4] **La Cambusa Americana,** Via Giuseppe Petroni 32c, Tel. 03802667564, geöffnet: Di–So 17.30–1 Uhr. Fantasievolle Cocktails, Burger und üppig belegte Sandwiches *(piadini)*. Hier hängen Studenten stundenlang ab.

83 [E4] **La Linea,** Piazza Re Enzo 1/h, Tel. 0510512960134, Facebook, geöffnet: 8–3 Uhr. Entspannte Café-Bar mit studentischem Flair und Kunstausstellungen. Samstags gibt es Disco und mittwochs einen spanischen Themenabend. Die sättigenden Aperitivo-Häppchen bestehen aus Sandwiches und Pizza.

84 [F3] **Le Stanze,** Via del Borgo di San Pietro 1, Tel. 051228767, www.lestanzecafe.it, geöffnet: Di–So 11–1 Uhr. In einer alten Kirche eingerichtete Bar mit Originalfresken aus dem 17. Jahrhundert. Auch das Aperitivo-Büfett ist fürstlich.

85 [E5] **Nu Lounge Bar,** Via de' Musei 6, Tel. 051222532, www.nuloungebar.com, Facebook, geöffnet: Mo–Sa 18.30–2 Uhr. Der Barmann Daniele dalla Pola wurde 2011 zum World Champion der Cocktailmixer gekürt. Eine hohe Qualität der Cocktails ist in der polynesisch inspirierten Tiki-Bar daher garantiert.

86 [E5] **Osteria del Sole,** Vicolo Ranocchi 1, Tel. 3479680171, www.

osteriadelsole.it, geöffnet: Mo–Sa 10.30–21.30 Uhr. Die Osteria ist ganztags gut besucht. Hier kann man sogar sein eigenes Essen mitbringen – sofern man Getränke konsumiert.

87 [F5] **Ruggine,** Vicolo Alemagna 2/c, Tel. 0514125663, www.ruggine.bo.it, geöffnet: 12–15, 18–1 Uhr. Kleine, helle Kneipe im Quadrilatero mit guten Cocktails.

Livemusik und Kulturprogramm

88 [C4] **Altotasso,** Piazza San Francesco 6/d, Tel. 051238003, www.altotasso.com, geöffnet: Mo–Do 17–2, Fr, Sa 16.30–3.45, So 17–2 Uhr. In dieser Enoteca finden Konzerte, Lesungen, Ausstellungen und sogar Filmvorführungen statt.

89 [F3] **Bravo Caffè,** Via Mascarella 1, Tel. 051266112, www.bravocaffe.it, geöffnet: Di–Do 19–1, Fr, Sa 19–2.30 Uhr. In diesem schicken Jazzclub treten auch Funk-, Soul- und Rocksänger auf. Daneben bietet das empfehlenswerte angegliederte Restaurant feine Küche und gute Weine an.

90 [F5] **Camera Jazz & Music Club,** Palazzo Isolani, Vicolo Alemagna, Tel. 03911682442, www.camerajazzclub.com, geöffnet: Mo–Sa 20–2 Uhr. Hier treten internationale Spitzengrößen des Jazz auf, die Konzerte beginnen normalerweise gegen 22 Uhr.

91 [F3] **Cantina Bentivoglio,** Via Mascarella 4/b, Tel. 051265416, www.cantinabentivoglio.it, Mo–Sa 8–1 Uhr. Die Enoteca Cantina Bentivoglio bietet ein ausgefallenes Jazzprogramm und gutes Essen an.

92 [D3] **Cortile Cafè,** Via Nazario Sauro 24/A, Facebook, geöffnet: Di–Sa 18–2 Uhr. Kleine Musikkneipe mit Auftritten von Akustikbands: von Jazz und Blues bis Liedermacher und Pop.

93 **Covo Club,** Viale Zagabria 1, http://covoclub.it/bo, geöffnet: Fr 21–4, Sa 23–5 Uhr. Treffpunkt der Indieszene. Hier treten international bekannte Künstler und neue Talente auf, im Sommer bietet der Covo Summer Club Open-Air-Konzerte. Er befindet sich zwar ziemlich weit ausserhalb, die Strecke wird aber von Nachtbussen bedient.

94 **Estragon,** Via Stalingrado 83, Tel. 051323490, www.estragon.it/en, geöffnet: je nach Event. Hier gibt es Konzerte von Rock bis Hip-Hop, wenn DJs auflegen ist der Eintritt meistens frei. Der Club organisiert auch das Botanique Festival (s. S. 91), d. h. Sommerkonzerte in den Giardini di via Filippo Re, und Open-Air-Konzerte in der Arena Joe Strummer im Parco Nord.

Nachtclubs

95 [G8] **Chalet dei Giardini Margherita,** Viale Meliconi 1, Tel. 0519913789, www.chaletdeigiardinimargherita.it, Bar: 18–3 Uhr, Disco: Mai–Oktober Di–Sa 19 Uhr bis spät. Am See des Parks bietet die Restaurant-Bar im Sommer eine Freiluftdisco bis in die frühen Morgenstunden.

96 [F4] **Lab16,** Via Zamboni, 16/d, Tel. 05118899835, www.lab16.it, geöffnet: So, Mo 7–1, Di–Do 7–2, Fr, Sa 7–3 Uhr. Mitten im Universitätsviertel gelegen. Nach dem Aperitivo feiert man hier bei thematischen Clubnächten von Electronica über House und Disco bis zu Rockabilly.

97 **Link,** Via Francesco Fantoni 21, Tel. 0516313246, Facebook, geöffnet: 23–6 Uhr. Großer Nachtclub in einer alten Industriehalle. Clubnächte mit Gast-DJs: Techno, House, Electronica und Hip-Hop.

98 **Locomotive Club,** Via Sebastiano Serlio 25/2, Tel. 3480833345, www.locomotivclub.it, geöffnet: je nach

Event. Bekannte italienische und internationale Gast-DJs. Im Sommer auch Open-Air-Kino.

99 [D3] **Millenium,** Via Riva di Reno 77/a, Tel. 3357902077, Facebook, geöffnet: Di, Do–Sa 22.30–4 Uhr. Der Club organisiert Events mit internationalen DJs, die an wechselnden Locations stattfinden.

100 [F4] **Soda Pops Disco Bar,** Via Castel Tialto 6/a, Tel. 051272079, Facebook, geöffnet: Mo–Sa 22.30–3 Uhr. Hier tanzt man zu Vintage-Discoklängen, Funk und Soul.

Theater und Konzerte

Bevor Bologna im 16. Jahrhundert dem Kirchenstaat einverleibt wurde, war Theater eine beliebte Form der Unterhaltung. Im 18. Jahrhundert verlagerte sich der Schwerpunkt auf die Musik, zunächst Kirchenmusik und später Oper. Noch heute hat die UNESCO City of Music (s. S. 106) ein großes Repertoire an Musikveranstaltungen zu bieten. Zudem gibt es ein breitgefächertes Spektrum an Schauspiel, Tanz und experimentellem Theater, und zwar nicht nur in festen Häusern, sondern auch während der Sommerfestivals.

101 [F5] **Accademia Filarmonica di Bologna,** Via Guerrazzi 13, Tel. 051222997, www.accademiafilarmonica.it, Eintritt: Konzerte 20–30 €; geführte Touren 5 € (im Voraus per Telefon buchbar). Alteingesessenes Konservatorium, in dem regelmäßig Kammermusikkonzerte stattfinden.

102 [E3] **Arena del Sole,** Via dell'Indipendenza 44, http://bologna.emiliaromagnateatro.com, Tel. 0512910910. Vielseitiger Veranstaltungsort mit einem abwechslungsreichen Programm, das unter anderem Modernen Tanz, Schauspiel und Konzerte umfasst.

•103 **Arena Puccini,** Via Sebastiano Serlio 25/2, Tel. 3669308566, www.cinetecadibologna.it. In der Arena auf der Nordseite des Bahnhofs findet im Rahmen des Cinema Ritrovato (s. S. 91) Open-Air-Kino statt, ansonsten gibt es Konzerte und verschiedene Theaterevents.

104 [D3] **Auditorium Manzoni,** Via de' Monari 1/2, Tel. 051261303, www.tcbo.it/il-teatro/teatroauditorimmanzoni, Kartenvorverkauf Di–Sa 15–18.30 oder online, im August geschlossen. In diesem Art-déco-Gebäude befand sich 1933 ein Kino. Heute finden hier Konzerte von Klassik bis Jazz statt, u. a. im Rahmen von Musica Insieme (s. S. 91) und des Bologna Festivals (s. S. 90).

105 [G4] **Centro Ricerca Musicale,** Teatro San Leonardo, Via San Vitale 63, Tel. 051240310. Musikforschungszentrum, das regelmäßig Events veranstaltet, u. a. das seit 1991 jährlich stattfindende AngelicA – Festival Internazionale di Musica (s. S. 90).

106 **Teatri di Vita,** Parco dei Pini, Via Emilia Ponente 485, Tel. 3334666333, www.teatridivita.it. In diesem avantgardistischen Kulturzentrum werden Theater und zeitgenössischer Tanz, Konzerte und Kino geboten.

22 [F4] **Teatro Comunale.** Die renommierte historische Oper der Stadt zeigt eine Auswahl an Werken bekannter Komponisten, aber auch modernen Tanz.

107 [F6] **Teatro Duse,** Via Cartoleria 42, Tel. 051231836, www.teatroduse bologna.it, Kartenvorverkauf: Di–Sa 15–19 Uhr. Im Jahr 1878 besuchten König Umberto I. und seine Frau Margherita hier eine Vorstellung der Schauspielerin Sarah Bernhardt. Heute zeigt das Haus ein breites Programmspektrum von Schauspiel, Kammerspiel über Musicals, Comedy bis zu Oper.

Bologna zum Stöbern und Shoppen

Die **Via dell'Indipendenza** [D4–E1], Haupteinkaufsstraße von Bologna, führt vom Bahnhof im Norden bis zur Piazza Maggiore 1 und wird von größeren und kleineren Kleidergeschäften gesäumt. Ihre Fortsetzung im Süden des Platzes ist die **Via d'Azeglio** [D5–7] mit exklusiven Boutiquen. Wo sie auf die **Via Farini** trifft, ist es nicht mehr weit zur eleganten **Galleria Cavour**, in der man Haute Couture erstehen kann. **Kaufhäuser** und den **Mercato delle Erbe** (s. S. 78) findet man auf der **Via Ugo Bassi** [D4] im Osten der Piazza Maggiore. Die **Via Rizzoli** führt zur wuseligen **Piazza della Mercanzia** [E4]. Hier und in den Gassen rund um die **Due Torri** 20 findet man Design- und Kunsthandwerksläden sowie ausgefallene kleinere Geschäfte. Wer auf der Suche nach kulinarischen Mitbringseln ist, muss sich ins **Quadrilatero** 10 bzw. genauer die **Via Pescherie Vecchie** [E5] und die **Via Clavature** [E5] begeben. Hier gibt es Nudeln, Schinken, *dolci* und vieles mehr aus der Region. Frischwaren gibt es auch im Mercato delle Erbe. Zudem finden Märkte statt, auf denen Antiquitäten, Vintage-Artikel und Kunsthandwerk verkauft werden (s. S. 87).

Mode

108 [D5] **Boggi,** Via Massimo d'Azeglio 18, Tel. 051236286, www.boggi.com, geöffnet: Mo–Sa 10–19.30, So 10–13, 15.30–19.30 Uhr. Hier wird elegante italienische Männermode aus Mailand verkauft.

109 [D5] **Doria 1905,** Via IV Novembre 14/b, Tel. 0510475092, www.doria1905.com, geöffnet: Mo–Sa 9.15–13, 15.30–19.30 Uhr. Hüte, Mützen und Kappen für jede Gelegenheit.

110 [E5] **Eticlò**, Via Clavature 22/E, Tel. 03474936536, geöffnet: Mo–Sa 10–13, 15.30–19.30 Uhr. Minimalistische, elegante Mode aus nachhaltigen Materialien: von biologischer Baumwolle bis zur Wolle von Tieren, die auf Biohöfen gehalten werden. Die Stoffe stammen aus umweltfreundlicher Produktion und tragen das Siegel GOTS (Global Organic Textile Standard).

111 [E5] **Galleria Cavour Bologna,** Via Farini, Tel. 051222621, www.galleriacavourbologna.com, geöffnet: Mo–Mi, Fr, Sa 8–21, Do, So 10–20 Uhr. In der schicken Einkaufspassage findet man edle Boutiquen mit bekannten Marken wie Fendi, Gucci, Vuitton, Miu Miu, Tiffany etc.

112 [F5] **Icons Luxury & Vintage,** Via Farini 35/b, Tel. 3924038293, www.iconsluxury.com, geöffnet: Mo–Fr 10–13, 16–19, Sa 16–19 Uhr. Hier findet man preiswerte Secondhand-Stücke vieler italienischer und internationaler Designer.

113 [E5] **Liviana Conti,** Via de' Toschi 2/b, Tel. 051271774, www.livianaconti.com, geöffnet: Mo–Do 10–14, 15–19.30, Fr, Sa 10–19.30 Uhr. Zeitgenössische italienische Mode für Frauen.

114 [E4] **Luisa Spagnoli,** Via Rizzoli 5/a, Tel. 051267083, www.luisaspagnoli.it, geöffnet: Mo–Sa 10–19 Uhr, So 11–13, 14–19 Uhr. Elegantes für Frauen.

115 [E4] **Mantellassi Calzature,** Via dell' Indipendenza 13 c/e, Tel. 051223996, www.mantellassicalzature.it, Winter 9.30–13, 15.30–19.30, Sommer 9.30–13, 16–20 Uhr. Wer ausgefallene

Shoppingareale

Die wichtigsten Shoppingbereiche der Stadt sind im Kartenmaterial mit einer rötlichen Fläche markiert.

Schuhe für modebewusste Frauen und Männer sucht, wird hier fündig.

116 [F5] **Mari Carraro,** Via Farini 32c/d, Tel. 051239699, www.maricarraro.it, geöffnet: Mo–Sa 10–13.30, 16–19.30 Uhr. Ausgesuchte Stücke und Accessoires im Ethnolook von verschiedenen Designern.

117 [E4] **Max e Giò,** Via dell'Inferno 22A, Tel. 051263856, www.maxegio.it/en, geöffnet: Mo–Sa 10–13, 14–19 Uhr. Maßgeschneiderte, handgefertigte italienische Schuhe aus feinstem Leder für Männer.

118 [E5] **Napapijri Bologna,** Piazza della Mercanzia 2, Tel. 0516569511, www.napapijri.com, Mo–Sa 10–19.30, So 10–13, 15.30–19.30 Uhr. Die stylische Outdoor-Kleidung in norwegischem Design ist auch in Italien beliebt.

119 [E4] **Other Stories,** Via Rizzoli, 18, Tel. 0632832204, www.stories.com, geöffnet: Mo–Sa 10–20, So 12–19 Uhr. Das amerikanisch-schwedische Modehaus verkauft angesagte Frauenmode.

120 [E5] **Pinko Bologna,** Piazza Minghetti 3/f, www.pinko.com/en-gb, geöffnet: Mo–Sa 10–19.30, So 10–13, 15–19.30 Uhr. Trendige italienische Mode und Accessoires für Männer, Frauen und Kinder.

121 Stock Shop, Piazza Mickiewicz 2, www.stockshopuomo.com, Tel. 051513061, geöffnet: Mo–Sa 9–13, 16–20 Uhr. Freizeitkleidung für Männer ausschließlich von italienischen Designern.

Kosmetik

122 [F4] **Bio Profumeria**, Via San Vitale 36h, Tel. 0518491163, www.labioprofumeria.it, geöffnet: Mo–Mi, Fr, Sa 9.30–13, 15.30–19.30, Do durchgehend 9.30–19.30 Uhr. Die Drogerie verkauft tierversuchsfreie und nachhaltige Biokosmetik unterschiedlicher Marken.

123 [D4] **Oway**, Via Ugo Bassi 4/E, Tel. 051438 1580, www.oway.it, geöffnet: tgl. 10.30–14.30, 15.30–19.30 Uhr. Pflanzliche und nachhaltig hergestellte sowie verpackte Kosmetik für Gesicht und Körper.

Design

124 [E4] **Kartell Design Shop,** Via Altabella, Tel. 0512961022, www.kartell.com/it, Mo 15.30–19.30, Di, Mi, Fr 9.30–13.30, 15.30–19.30, Do 9.30–13.30 Uhr. Filiale des von Giulio Castelli

Im Kartell Design Shop findet man ausgefallene Design-Artikel

042bo-nh

gegründeten Milaner Designhauses, das seit 1949 zukunftsweisende Designprodukte wie Möbel, Einrichtungsgegenstände und Autozubehör aus Kunststoff herstellt.

125 [E4] **Martino Design,** Via Canonica 1, Tel. 0594270644, www.martinodesign.it. Hier gibt es originelle Einrichtungsgegenstände und Accessoires der Designerin Chiara Melandri, die größtenteils aus recycelten Materialien vestehen.

Italienische Spezialitäten

126 Fico Eatalyworld Srl, Via Paolo Canali 8, 40127 Bologna, www.fico.it/en, geöffnet: So–Fr 10–23, Sa 10–24 Uhr. Dieser in seiner Art bisher einzigartige „Gastro-Vergnügungspark" eröffnete 2017 auf einem Areal von 80.000 m² und ist Teil der Kette Eataly. Besuchern soll hier die Vielfalt der italienischen Nahrungsmittelproduktion „vom Feld bis zum Teller" nahegebracht werden. Das Ganze ähnelt einem Themenpark, angelegt im Stil einer amerikanischen Mall mit künstlichen Gartenflächen und Restaurants, die heimische Küche anbieten. Seit der Coronakrise hat der Park sein Programm allerdings stark reduziert, da die Besucherzahlen hinter den Erwartungen zurückblieben.

127 [E5] **Paolo Atti & Figli,** Via Caprarie 7, Tel. 051220425, www.paoloatti.com, geöffnet: Mo–Sa 7.30–19.15, So 10.30–17.30 Uhr. Seit mehr als 150 Jahren werden hier schon Tortellini produziert. Der Laden ist *die* Anlaufstelle für Nudeln und andere Spezialitäten, die auch besonders schön verpackt werden.

128 [E5] **Venchi Chocolate,** Via degli Orefici 23, Tel. 051223332, www.venchi.com, geöffnet: tgl. 11–19 Uhr. Hier gibt es leckere Schokoladenspezialitäten zum Selbstessen oder als Mitbringsel.

Die leckeren Tortellini von Paolo Atto & Figli sind eine Bologneser Spezialität

083bo-nh

Märkte

129 [E1] **Fiera del Libro,** Piazza XX Settembre, www.fieradellibrobologna.it, geöffnet: Mitte März–Mitte Mai, Ende Sept.–Mitte Nov. 9–19.30 Uhr. Antiquarischer Büchermarkt (auch englisch- und deutschsprachige Bücher).

130 [F5] **Mercato Antiquario Città di Bologna,** Via San Stefano 24, am zweiten Wochenende des Monats (außer Juli/Aug.), Winter 8.30–18, Sommer bis 19 Uhr. Antiquitätenmarkt nahe der Klosteranlage Santo Stefano.

131 [E3] **Mercato Artigianale – DecoMela Art,** Via San Giuseppe, Facebook, geöffnet: tgl. 9–19 Uhr (außer Jan., Juli und Aug.). Kunsthandwerksmarkt.

132 [E3] **Mercato Piazzola/Montagnola,** Piazza Dell Otto Agosto 18, in der Bar Otto Agosto, www.lapiazzoladibologna.it, ganzjährig Fr und Sa 8–18 Uhr. Hier gibt es Haushaltsgegenstände, Technik und Kleidung.

133 [C2] **Mercato Ritrovato,** Via Azzo Giardino 65 (Parco 11 Settembre 2001), http://mercatoritrovato.it, Jan.–Juni, Sept.–Nov. Sa 9–14, Juli/Aug. auch Mo 17.30–21.30 Uhr. Lebhafter Markt mit ausgefallenen Produkten und Streetfood, der von einer Erzeugervereinigung organisiert wird. Er befindet sich auf dem Gelände der Manifattura delle Arti (s. S. 23).

Musik und Bücher

134 [B5] **180 Grammi vinyl-shop,** Via Frassinago 4, 03493327390, Facebook, Di–Do 10–13.30, 15.30–20 Uhr, Fr, Sa 10–20 Uhr. Wie der Name schon vermuten lässt, werden hier vor allem die wieder modern gewordenen Vinyl-LPs vekauft.

135 [D3] **Disco d'oro,** Via Galliera 23, Tel. 051260907, www.discodoro.it, geöffnet: Mo–Sa 10–19.30 Uhr. Alteingesessener Plattenladen mit wahren Raritäten aus unterschiedlichsten Musikrichtungen.

136 [E4] **La Feltrinelli Librerie,** Piazza di Porta Ravegnana 1, Tel. 199151173, www.lafeltrinelli.it, geöffnet: Mo–Sa 9–20, So 10–20 Uhr. Große Filiale einer Buchladenkette mit einer Auswahl an fremdsprachigen Büchern und Magazinen. Mehrere Filialen.

Spielsachen

137 [F5] **Città del Sole,** Strada Maggiore 17, Tel. 051266432, www.cittadelsole.it, geöffnet: Mo 15–19.30, Di–Sa 10–19.30, So 10.30–19.30 Uhr. Hier gibt es farbenfrohe und fantasiereiche Spielsachen für Kinder aller Altersgruppen.

Mein Tipp

Shop 'n' Stop

Im Quadrilatero hat sich eine Filiale der Buchhandelskette **Librerie Coop** mit der Gastronomiekette **Eataly** zusammengetan: Außer Buchregalen findet man hier im ersten Stock nun auch italienische Delikatessen und eine beliebte Osteria. Auch bei Events kooperiert man: Lesungen werden mit Kochshows und Workshops gepaart. Wer sich nach einem Bummel im Quadrilatero (10) ausruhen möchte, kann hier bei einem Kaffee die Feinkostmitbringsel für daheim aussuchen: Von Müsli über Pasta- und Reissorten bis zu Schokolade findet man hier alle erdenklichen Spezialitäten aus den verschiedenen Regionen Italiens.

138 [E5] **Librerie Coop Ambasciatori,** Via degli Orefici 19, Tel. 051220131, www.librerie.coop.it, geöffnet: Mo–Sa 9–24, So 10–23.15 Uhr. Kette mit mehreren Filialen.

045bo-nh

Bologna zum Durchatmen

Bologna hat mehrere schöne Parks entlang der Ringstraße, zum Beispiel den Parco della Montagnola [E2] und den Orto Botanico ed Erbario (Botanischen Garten) im Norden oder den Parco del Cavaticcio und den Parco 11 Settembre 2001 im Westen. Die größte städtische Parkanlage Bolognas sind die Giardini Margherita 27 *am südöstlichen Stadtrand. Im mittelalterlichen Stadtkern findet man kleinere Anlagen mit Schatten spendenden Bäumen, häufig rund um Klöster wie die Basilica di San Domenico* 25*. Einmal jährlich, während des Festivals Diverdeinverde (s. S. 91), öffnen private Gärten ihre Tore.*

Im Süden grenzt die Stadt direkt an das **Apennin-Gebirge** mit weit ausufernden grünen Hügeln, die zu ausgiebigen Wanderungen und zur Entspannung mit toller Aussicht einladen. In den Apennin-Hügeln, **Colli Bolognesi** genannt, befinden sich z. B. die Kirchen **San Michele in Bosco** 28 und **San Luca** 29, beliebte Ausflugsziele für Wanderer, die der Stadtluft entfliehen möchten.

Besonders atmosphärisch ist der Monumentalfriedhof **Certosa** 30 im Südwesten der Stadt. Das Gelände ähnelt einer großen Parkanlage, in der man gut und gerne mehrere Stunden verbringen kann. Besonders sehenswert ist die historische Nekropole. Der Friedhof entstand im Jahr 1801 auf dem Gelände eines ehemaligen Karthäuserklosters, das 1796 aufgelöst wurde.

Der **Canale di Reno**, gespeist aus dem Fluss Reno, verläuft heute unterirdisch unter der Via Riva di Reno, tritt aber südlich vom Certosa-Friedhof wieder an die Oberfläche. Dort beginnt ein schöner, 5,5 km langer Spazier- und Fahrradweg entlang des Kanals, der stadtauswärts bis zur Schleuse von **Casalecchio** (Chiusa di Casalecchio) führt. Auch das im Jahr 1567 neu aus Stein erbaute, eindrucksvolle Wehr kann man besichtigen. Dabei passiert man weitere historische Wehranlagen, mit deren Hilfe man den Fluss damals in die Stadt umlei-

Im Parco della Montagnola [E2] finden im Sommer Events statt

tete. Der Pfad endet im **Parco della Chiusa** bei der Schleuse, wo man sich am Wasser ausruhen kann. Im Hintergrund erhebt sich der Guardiahügel mit dem Santuario di Madonna di San Luca 29. Ende des 19. Jh. war Casalecchio ein beliebter Ausflugsort, zu dem sogar eine Dampfeisenbahn fuhr.

Ein weiterer schöner, 6 km langer Rad- und Wanderweg führt vom **Parco di Villa Angeletti**, im Stadtteil Bolognina entlang des **Canale Navile** nach Norden. Der Kanal floss 40 km nördlich wieder in den Reno, der wiederum in den Po mündete und die Stadt damals mit Adriahäfen wie Venedig verband. Der Kanal wurde noch bis zum Ende des Zweiten Weltkriegs genutzt und auch hier passiert man viele Schleusen und alte Mühlen, die durch Wasserkraft gespeist wurden. Eine Pause kann man beim interessanten **Museo del Patrimonio Industriale** (s. S. 69) in der alten Ziegelei Galotti einlegen.

Unter https://www.comune.bologna.it/per-cittadini/citta-sostenibile/mappa-parchi-giardini sind alle Parks und Grünflächen der Stadt aufgelistet.

- **139** [G3] **Orto Botanico ed Erbario,** Via Irnerio 42, Tel. 0512091325, www.sma.unibo.it/it/il-sistema-museale/orto-botanico-ed-erbario, Di–So 10–18 Uhr, Eintritt: Erw. 5 €, erm. 3 € (19–26 Jahre, über 65 Jahre), frei für Kinder unter 18 Jahren, für Studenten und mit Card Cultura
- **140 Parco della Chiusa,** Via Panoramica 11, 40033 Casalecchio di Reno, Tel. 051598273, www.parcodellachiusa.it
- **141 Parco di Villa Angeletti,** Via de' Carracci 65, 40131 Bologna, Facebook

› **Fahrradtouren:** www.bolognawelcome.com/en/information/the-flatlands-on-bike-the-canale-navile-from-bologna-to-castel-maggiore

MEIN TIPP

Museumscafé mit Park- oder Kinobesuch

Das **MAMbo Café** hat eine relaxte Atmosphäre. An einem Regentag könnte man den Caféaufenthalt mit einem Museumsbesuch im **MAMbo** 9 oder auch mit einem Besuch im **Cinema Lumière** (s. S. 27) der Cineteca di Bologna verbinden. An schönen Tagen lädt der gleich um die Ecke liegende **Parco del Cavaticcio** [C2] zu einem Spaziergang oder geruhsamen Aufenthalt auf der Parkbank ein. Im Sommer finden in dem Park Konzerte und Events statt.

- **142** [C2] **MAMbo Café,** Via Don Giovanni Minzoni 14e, Tel. 05104038726, www.mambo-bologna.org/ristorante, Di, Mi 12–22, Do 12–24, Fr, Sa 10–2, So 10–22.30 Uhr

Das Kulturzentrum Serre dei Giardini Margherita (s. S. 40) ist an lauen Sommerabenden ein beliebter Anlaufpunkt zum Relaxen

044bo-nh

Zur richtigen Zeit am richtigen Ort

Das ganze Jahr über finden in Bologna Festivals und Events statt. Aktuelle Veranstaltungshinweise findet man auf der Website der Stadt (www.bolognawelcome.com), aber auch in der Tageszeitung Bologna Today (www.bolognatoday.it/eventi).

Januar

- **ArteFiera** (www.artefiera.it). Ende Januar wird die Messe zum Schauplatz eines Kulturfestivals mit Ausstellungen zur zeitgenössischen Kunst und Fotografie, Events und Performances. Während der ArtCityWhiteNight bleiben alle Galerien der Stadt bis Mitternacht geöffnet.

Februar bis April

- **AngelicA – Festival Internazionale di Musica** (https://aaa-angelica.com/aaa/festival). Vom Institut für Musikforschung organisiertes Festival, bei dem nicht-konventionelle, spartenübergreifende Musik im Vordergrund steht. Es findet im März und Juni im Centro Ricerca Musicale (s. S. 83) statt.
- **Bologna Carnevale** (www.festedicarnevale.it/carnevale-bologna). Der Bologneser Karneval mit seinen bunten Umzügen ist dem deutschen Karneval nicht unähnlich.
- **Bologna Festival** (www.bolognafestival.it/en). Internationales Klassikfestival mit bekannten Interpreten, jungen Talenten und Komponisten in verschiedenen Locations. Von März bis Oktober gibt es Veranstaltungen zu verschiedenen Themen.
- **Fiera del Libro per Ragazzi** (www.bolognachildrensbookfair.com/en/home/878.html). Die größte Kinderbuchmesse der Welt auf dem Messegelände der Bologna Fiera findet Ende März statt.

Beim Cinema Ritrovato wird die Piazza Maggiore zum Freiluftkino

046bo ©Dmitry Vereshchagin, stock.adobe.com

Mai

- **Diverdeinverde** (www.diverdeinverde.fondazionevillaghigi.it). Am dritten Maiwochenende öffnen viele private Gärten und versteckte Innenhöfe ihre Türen und laden zum Entdecken ein.
- **Palio di Ferrara** (www.paliodiferrara.it, s. S. 52)

Juni bis August

- **Ravenna Festival** (www.ravennafestival.org). Beim Musikfestival der Stadt finden im Juni und Juli sowie im November und Dezember Konzerte, Theater und andere Events statt.
- **Bologna Estate** (www.bolognaestate.it). Der Kultursommer der Stadt mit Open-Air-Veranstaltungen auf Plätzen und in Parks sowie Theater und Konzerten dauert von Juni bis September.
- **Botanique Festival** (www.botanique.it). Vom Estragon Club (s. S. 82) organisiertes Rockfestival in den Giardini di via Filippo Re.
- **Ferrara sotto le stelle** (www.ferrarasottolestelle.it). Das Sommerfestival „Ferrarra unter den Sternen" dauert von Ende Juni bis Anfang August und bietet Theater-, Musik- und Kunstveranstaltungen.
- **Il Cinema Ritrovato.** Ende Juni bis Anfang Juli findet das Filmfestival der Cineteca (s. S. 27) statt, z. B. mit Open-Air-Kino auf der Piazza Maggiore ❶ und in der Arena Puccini.
- **Montagnola Republic** (www.facebook.com/montagnolarepublic). Im Rahmen des Festivals gibt es vom 1. Juni bis zum 30. September kostenlose Konzerte im Parco della Montagnola.
- **Mosaico di Notte** (www.turismo.ra.it). Von Juli bis September kann man die berühmten Mosaiken auch bei Nacht bewundern, wenn die Touristenströme abgeebbt sind.

062bo-nh

- **Ferrara Buskers Festival** (www.ferrarabuskers.com/en). Neuntägiges internationales Straßenmusik- und Street-Art-Festival Ende August in Ferrara und Comacchio.

September

- **Bologna Festival** (s. S. 90). Die Herbstausgabe des klassischen Musikfestivals dauert von September bis November.
- **La Strada Del Jazz** (www.lastradadeljazz.it). Jazzfestival Mitte September in der Via degli Orefici und im Quadrilatero.
- **Musica Insieme** (www.musicainsiemebologna.it). Die Stiftung organisiert von Ende September bis Mai eine Serie mit klassischen Konzerten instrumentaler

Seit 1958 begeistert das Bologna Jazz Festival (s. S. 92) die Musikfans

Musik von Solo-Interpreten und Ensembles im Auditorium Manzoni (s. S. 83).

- **roBOt Festival** (https://robotfestival.it). Avantgarde-Festival für digitale Kunst und elektronische Musik.

Oktober

- **Gender Bender Festival** (www.genderbender.it/en). Vom Cassero LGBTI+ Center (s. S. 116) organisiertes LGBT-Festival mit Events von Konzerten bis Kino und Theater (Ende Okt.–Anfang Nov.)
- **San Petronio.** An dem Feiertag zu Ehren des Stadtheiligen Petronius von Bologna gibt es ein Fest auf der Piazza Maggiore 1 und ein Feuerwerk.

Feiertage

- **Capodanno** (Neujahr): 1. Januar
- **Epifania** (Heilige Drei Könige): 6. Januar
- **Pasqua** (Ostermontag)
- **Liberazione** (Tag der Befreiung vom Faschismus): 25. April
- **Festa del Lavoro** (Tag der Arbeit): 1. Mai
- **Festa della Repubblica** (Tag der Republik): 2. Juni
- **Domenica di Pentecoste** (Pfingstsonntag)
- **Ferragosta** (Mariä Himmelfahrt): 15. August
- **San Petronio** (Lokalfeiertag in Bologna): 4. Oktober
- **Ognissanti** (Allerheiligen): 1. November
- **Immacolata Concezione** (Mariä Empfängnis): 8. Dezember
- **Natale** (Weihnachten): 25./26. Dezember

November

- **Bologna Jazz Festival** (www.bolognajazzfestival.com). Während des renommierten Festivals treten internationale Interpreten an verschiedenen Orten in der Stadt auf.

Dezember

- **Capodanno.** Neujahrsfeier auf der Piazza Maggiore 1.
- **Fiera di Natale** (www.tuttomercatinidinatale.it/mercatini-natale-bologna.html). An verschiedenen Stellen der Stadt finden von Mitte Nov. bis Anfang Jan. Weihnachtsmärkte und Events statt.

BOLOGNA VERSTEHEN

031bo-nh

Bologna – ein Porträt

„Bologna ist zu 50 % ein charmantes Dorf und zu 50 % eine Großstadt wie Chicago." (Umberto Eco)

Bologna ist die siebtgrößte Stadt Italiens und die Hauptstadt der norditalienischen Region Emilia-Romagna, die sich von den bergigen Gegenden des Appenin bis hin zur flachen Po-Ebene und der touristischen Adriaküste erstreckt. Der Stadtbereich von Bologna hat ca. 391.000 Einwohner, in der weiteren Metropolregion leben jedoch über eine Million Menschen und die Tendenz ist steigend. Von den 40 km langen Arkaden im Altstadtkern, genannt Portici, gehören zwölf seit 2021 zum UNESCO-Welterbe. Zudem ist Bologna als Gourmetstadt bekannt: Viele bekannte italienische Gerichte wie Tortellini, Mortadella oder die Bolognese-Soße wurden hier erfunden. Trotz des reichen historischen Erbes ist Bologna eine junge, moderne und aufstrebende Stadt, wohlhabend und ein wichtiger Arbeitgeber.

Im Süden Bolognas beginnen ganz abrupt die **Colli Bolognesi**, die grünen Hänge der ersten Ausläufer des Apennin. Hier befinden sich Naherholungsgebiete wie etwa der Park um den Santuario di Madonna di San Luca (29) auf 300 m Höhe, obwohl im Stadtgebiet selbst nur eine Höhe von 29 bis 54 m ü.d.M. erreicht wird.

Nach Norden blickt Bologna auf die flache **Po-Ebene**, die zwei Nationalparks und zahlreiche kleinere Naturschutzgebiete umfasst. Hier bildet das Flussdelta des Po zur Adria hin Seen und Lagunen wie die Valli di Comacchio, wo u. a. Aale gezüchtet werden. Die Ebene gehört zu den fruchtbarsten Regionen des Landes und bestimmt von jeher das Leben der Menschen, die hier leben. Sie gilt als Kornkammer Italiens, denn hier werden Reis und Getreide ebenso angebaut wie Gemüse und Obst. Außerdem ist die Gegend ein Zentrum der Schweinezucht. Von hier stammen die Zutaten für die weltweit geschätzten Bologneser Spezialitäten wie Tortellini und Mortadella.

Der größte **Fluss** in Stadtnähe ist der **Reno** im Westen, der bereits ab dem 12. Jh. über den Canale di Reno in die Stadt umgeleitet wurde und Bologna mit dem Po und der Adriaküste verband. Schiffbare Wasserwege gab es allerdings schon unter den Römern. Im Süden fließt der kleine natürliche Strom **Aposa** aus dem Appenin in die Stadt und im Südosten verläuft der Fluss **Savena** außerhalb der Stadtgrenzen. Auch diese beiden Wasserwege wurden per Kanäle in die Stadt geleitet, schufen eine Art „kleines Venedig" und begründeten den Reichtum der Stadt. Mit Wasserkraft wurden zahlreiche Mühlen und Seidenspinnereien betrieben

◁ Vorseite: Luigi Galvani (s. S. 29) machte seine Entdeckungen zur Elektrophysiologie in Bologna

▷ Bologna wird auch „La Rossa" („die Rote") genannt

Bologna in Zahlen

- **Gegründet:** 800 v. Chr. als Felsina
- **Einwohner:** ca. 391.000
- **Einwohner/km²:** 2760
- **Fläche:** 140,86 km²
- **Höhe ü. M.:** 29–300 ü.d.M.
- **Besonderheiten:** über 40 km mittelalterliche Arkadengänge, Verschwisterung mit Leipzig seit 1962

(s. S. 24). Zudem bestand ein lukrativer Salzhandel mit dem „großen“ Venedig. Gegen Ende des 18. Jh. verloren die Kanäle ihre Bedeutung und 1964 ging man daran, die Wasserwege mit Straßen zu überbauen, und sie verlaufen heute unterirdisch.

Nachdem die alte Stadtmauer aus dem 14. Jh. zwischen 1902 und 1906 abgerissen worden war, um die Stadt zu erweitern, entstand an ihrer Stelle die heutige Ringstraße. Außerhalb der Ringstraße breitet sich das **moderne Bologna** aus. Von den einst zwölf Stadttoren der alten Mauer sind noch wenige erhalten, so z. B. die Porta Galliera und die Porta Saragozza. Eine weitere Stadtumgehung bildet die Autobahn A14 im Norden.

Die Stadt ist in **sechs Verwaltungsbezirke** aufgeteilt, von denen sich die meisten nach Westen, Norden und Osten, inzwischen sogar außerhalb der A14, ausdehnen. Hier gibt es viele ehrgeizige Stadterweiterungsprojekte mit Planstädten für mehrere Tausend Menschen wie Navile Market im Stadtteil Bolognina. Dies ist gleichzeitig auch der Stadtteil, wo die meisten Einwanderer leben.

Von den Anfängen bis zur Gegenwart

Bologna blickt auf eine beständige und erfolgreiche Geschichte zurück. Der mittelalterliche Stadtkern mit grandiosen Adelspalästen zeugt noch heute davon, dass die Stadt auch in der Vergangenheit zu den wohlhabenden Metropolen gehörte.

Bereits in der Antike befand sich hier ein wichtiges Handels- und Herrscherzentrum. Aus der etruskischen Hauptstadt Felsina wurde die römische Metropole Bononia an der Handelsstraße Via Emilia. Im Mittelalter sorgten zunächst die Universität und dann der Seidenhandel für stetiges Wachstum und Wohlstand. Auch unter der Herrschaft des **Kirchenstaats** vom 16. bis zum 19. Jahrhundert blieb Bologna eine reiche Stadt, in der die Bausubstanz gepflegt wurde. Die Hinterlassenschaft des Kirchenstaats sind unzählige Kirchen und Klöster sowie ein großer Reichtum an Kunstwerken, der in den Kirchen und Museen der Stadt zu besichtigen ist. Im 19. Jahrhundert wurde Bologna zu ei-

Das etruskische Felsina

Im etruskischen Reich war Felsina eine bedeutende Hauptstadt. Für die **Felsineer** war der Hafen von **Spina** (bei Comacchio) vom 6. bis 3. Jh. v. Chr. eine wichtige Handelsverbindung mit Griechenland. Von dort aus konnte man auf den Flüssen Reno und Po bis weit ins Landesinnere reisen. In Spina fanden Archäologen große Mengen attischer, d. h. aus der Region Attika bei Athen stammender Töpferwaren. Man nimmt an, dass die Etrusker griechische Vorfahren hatten oder zumindest enge Beziehungen mit der Seefahrernation pflegten und dass ihre Kulturen einander ähnelten.

Innerhalb der Stadtgrenzen Bolognas fand man Überreste etruskischer Besiedelung, z. B. auf dem Gelände der Giardini Margherita 27 und des Certosa-Friedhofs 30. Wer sich für die frühzeitlichen Kulturen interessiert, findet Fundstücke und Informationen aus Villanova, Felsina und Spina in den archäologischen Museen von Bologna 13 und Ferrara 33.

ner Hochburg der Freiheitsbewegung des **Risorgimento**, im Zweiten Weltkrieg dann der Widerstandsbewegung der Partisanen. Von 1946 bis 1999 wurde Bologna von kommunistischen Bürgermeistern regiert.

Stadtgeschichte in Zahlen

ca. 800 v. Chr.: Zur Zeit der der Villanova-Kultur (den Vorfahren der Etrusker) werden die ersten Siedlungen auf dem Stadtgebiet Bolognas errichtet.

6. Jh. v. Chr.: Das etruskische Felsina wird Teil eines Zusammenschlusses von zwölf Städten nach dem Vorbild des Ionischen Bundes.

4. Jh. v. Chr.: Keltische Gallier (Boier) verdrängen die Etrusker nach Süden.

218–201 v. Chr.: Im Zweiten Punischen Krieg besiegen die Römer Karthago und die mit ihnen verbündeten Boier. Daraufhin nimmt Rom ganz Oberitalien in Besitz.

187 v. Chr.: Die Römer bauen die Via Emilia und legen den Hafen von Ariminum (Rimini) an.

189 v. Chr. Das römische Bononia liegt an den wichtigsten Verbindungsachsen des Reiches, die von Piacenza im Norden bis nach Rom im Süden führen. Bononia wird zu einer bedeutenden Metropole mit ca. 20.000 Einwohnern.

380 n. Chr.: Das Christentum wird zur Staatsreligion.

402: Mailand wird von den Goten bedroht und Kaiser Honorius verlegt die Hauptstadt des römischen Westreichs nach Ravenna, das über die Via Emilia direkt mit Bononia verbunden ist.

430–450: Der heutige Schutzheilige Bolognas, San Petronio, wird Bischof und die Stadt gelangt zu neuer Blüte.

493: Der Ostgotenkönig Theoderich der Große ermordet den Germanen Odoaker und übernimmt die Macht über das Weströmische Reich. Ravenna erlebt eine Blütezeit.

540: Kaiser Justinians Armee erobert Ravenna und es wird zum Exarchat des byzantinischen Hofs. Die Byzantiner vernichten viele Figuren-Darstellungen in den Mosaiken der germanischen Arianer.

728: Die Langobarden, die bereits seit dem 6. Jh. weite Regionen Norditaliens beherrschen, erobern unter König Liutprand Bologna. Unter ihm wird die Stadt erweitert.

756: Pippin III. wird 751 zum König der Franken (Karolinger). Er übereignet die Gebiete, die er von den Langobarden zurückerobert hat, dem Papst. Aus dieser

„Pippinischen Schenkung" geht später der Kirchenstaat hervor. Die jeweiligen Päpste regieren bis 1870 weite Gebiete Italiens wie ein Königreich. Das letzte Überbleibsel des Kirchenstaats ist bis heute der Vatikan.

1088: Die Alma Mater Studiorum wird von Studenten für Studenten gegründet. Sie gilt als älteste Universität Westeuropas. Als erste Fakultät ruft der Rechtsgelehrte Irnerio (Wernerius) die Glossatorenschule (s. S. 23) ins Leben.

1109–1119: Der Torre Asinelli wird gebaut.

1208: Die Stadt erweitert das Kanalsystem: Das Wasser der benachbarten Flüsse wird in die Stadt geleitet und mündet in den Canale Navile, der von Corticella bis Maralbergo schiffbar wird.

1256: Bologna schafft die Leibeigenschaft und die Sklaverei ab. Es leben ca. 60.000 Menschen in der Stadt.

1249: Die papsttreuen Guelfen Bolognas besiegen die Ghibellinen-Armee des römisch-deutschen Stauferkaisers Friedrich II. und nehmen seinen Sohn Enzo gefangen. Im Palazzo Re Enzo wird er bis zu seinem Tod im Jahr 1272 festgehalten.

1308–1320: Dante Alighieri verfasst die „Göttliche Komödie" in volksprachlichem Italienisch. Der aus Florenz verbannte Dichter stirbt 1321 in Ravenna.

1327–1390: Die dritte und letzte Stadtmauer Bolognas wird mit Selenitstein aus dem Apennin gebaut. Sie ist 7,6 km lang und hat 12 Stadttore.

1341: Bolognino di Barghesano aus Lucca erfindet eine Seidenhaspel- und Zwirnmaschine, die mithilfe von Wasserantrieb Seidenfäden maschinell fertigt. Die ist der Grundstein für die Seidenspinnerindustrie, die der Stadt großen Reichtum beschert.

Die Familie Bentivoglio

Die zu den papsttreuen Guelfen gehörende Familie Bentivoglio stieg im 15. Jahrhundert zur beherrschenden Adelsfamilie Bolognas auf. Angeblich stammten sie vom Stauferkönig Enzo ab, der im Palazzo Re Enzo 3 gefangengehalten wurde und dem zahlreiche uneheliche Liebschaften nachgesagt wurden.

1401 begründete Giovanni I. Bentivoglio die Herrscherdynastie mit der wechselvollen Geschichte. Giovanni II. brachte ab 1462 Stabilität und regierte fast vierzig Jahre lang. Unter seiner Herrschaft kehrte der Geist der Renaissance in Bologna ein: Er förderte Künstler wie Lorenzo Costa und die Universität erhielt neue Fachbereiche für Medizin, Philosophie und Astronomie. Es entstanden viele neue Paläste, von denen der 1498 begonnene Palazzo Bentivoglio allerdings nicht überdauerte – er stand an der Piazza Verdi dort, wo sich heute das Teatro Comunale erhebt. Seine Fehden mit den konkurrierenden Adelsfamilien Malvezzi und Marescotti, deren Angehörige er brutal niedermetzeln ließ, wurden Giovanni II. zum Verhängnis. 1506 wurden er von Papst Julius II. exkommuniziert und die Familie wurde aus der Stadt vertrieben. Sie zog daraufhin zu ihren Verwandten nach Ferrara, wo Annibale II. (1469–1540) sich mit Lucrezia d'Este, einer illegitimen Tochter des Herzogs Ercole I., verheiratete. 1511 versuchte Annibale die Macht über Bologna zurückzugewinnen, wurde aber 1512 ermordet. Danach steckte ein wütender Mob den Palazzo Bentivoglio in Brand und die Familie kehrte nie wieder nach Bologna zurück.

048bo-nh

1401: Die Adelsfamilie Bentivoglio regiert die Stadt.

1506: Nachdem Papst Julius II. die Fürsten Bentivoglio aus der Stadt verbannt hat, wird Bologna vom Kirchenstaat annektiert und von einem päpstlichen Legaten sowie einem Senat regiert.

1516: Ludovico Ariosto (1474–1533) verfasst in Ferrara sein romantisches Epos „Orlando Furioso" („Der Rasende Roland").

1530: Karl V. wird in Bologna zum Kaiser gekrönt. Es ist die letzte vom Papst durchgeführte Kaiserkrönung.

1555–1559: Papst Paul IV., Mitbegründer der römischen Inquisition, treibt die Gegenreformation auch in Bologna voran. Es ist eine Zeit der Verfolgung von Liberalen und der Zensur in der Kunst. Der Papst etabliert das jüdische Ghetto.

1564: Die Piazza del Nettuno wird angelegt und das Archiginnasio als erster offizieller Sitz der Universität gebaut.

1582: Der Bologneser Papst Gregor XIII. führt den gregorianischen Kalender ein.

1597: Papst Clemens VIII. verbannt die Juden aus der Stadt.

1637: Der Anatomiesaal des Archiginnasio wird eröffnet.

1732: Laura Bassi wird die erste weibliche Professorin in Europa. Sie erhält einen Lehrstuhl für Naturphilosophie (Physik) in Bologna.

1796: Inspiriert von den französischen Jakobinern tragen Bologneser Studenten als erste die italienische Trikolore als Kokarde (rundes Abzeichen).

1796: Bei seinem Einmarsch in Italien erreicht Napoleon am 19. Juni Bologna und der päpstliche Legat wird aus der Stadt gewiesen. Bologna, Ferrara, Modena und Reggio Emilia bilden zusammen die Cispadanische Republik, aus der 1797 die Cisalpinische Republik hervorgeht.

1815: Im Wiener Kongress ordnen die Siegermächte der Heiligen Allianz, Russland, Österreich und Preußen, Bologna erneut dem Kirchenstaat zu.

1848: Am 8. August werden die Österreicher von den Widerstandskämpfern des Risorgimento (s. S. 41) aus der Stadt vertrieben.

1849: Garibaldi, der Widerstandskämpfer und Held der Bewegung des Risorgimento, und seine Truppen marschieren nach Norden, um den venezianischen Freiheitskämpfern beizustehen. Dieser Gewaltmarsch fordert das Leben seiner hochschwangeren Frau, Anita Garibaldi (1821–1849).

1861: Am 17. März 1861 wird das Vereinigte Königreich Italien, eine konstitutionelle Monarchie unter König Vittorio Emanuele II., ausgerufen. Emanuele hatte zuvor die Armee des Kirchenstaats

Die imposante Statue am Palazzo d'Accursio 4 *erinnert an Papst Gregor XIII., der den gregorianischen Kalender einführte*

bis Ancona zurückgedrängt. Gleichzeitig hatte Garibaldi mit dem sogenannten „Zug der Tausend" das Königreich beider Sizilien vom letzten Bourbonenkönig Franz II. erobert.

1892: Die Po-Ebene wird von Großgrundbesitzern und Unternehmern im 19. Jh. landwirtschaftlich erschlossen und industrialisiert. Die Unterdrückung der neuen Landarbeiter- und Arbeiterklasse führt zu Spannungen. Die sozialistische Partito Socialista Italiano wird gegründet.

1900: Anstatt die Krise zu lösen, lässt Ministerpräsident Francesco Crispi Proteste blutig niederschlagen und führt Sparmaßnahmen ein, um Kolonialkriege in Ostafrika zu finanzieren. König Umberto I. stirbt nach einem Attentat des Anarchisten Gaetano Bresci in Monza.

1902: Bologna wird modernisiert. Die Stadtmauer wird abgerissen und die heutige Ringstraße entsteht.

1914–1918: Im Ersten Weltkrieg bleibt Italien zunächst neutral. Das Land spaltet sich in Kriegsgegner (vornehmlich die linken Parteien) und die Kriegsbefürworter (darunter auch Benito Mussolini). Nachdem Italien von den Alliierten Russland, Frankreich und Großbritannien die Gebiete Südtirol und Dalmatien in Aussicht gestellt werden, erklärt es Österreich-Ungarn und 1916 auch Deutschland den Krieg. An der Alpenfront sterben fast eine Million Menschen.

1919–1921: Nach Kriegsende erlebt das Land eine tiefe Krise. Wirtschaftliche und soziale Probleme führen zu bürgerkriegsähnlichen Zuständen. Beim sogenannten „Biennio rosso", dem Aufstand linker Organisationen in Norditalien, werden Fabriken und Land besetzt, was droht, die Wirtschaft lahmzulegen. Unter Benito Mussolini entsteht dagegen aus einem rechtsnationalistischen Kampfbund die faschistische Organisation Partito Nazionale Fascista.

1922–1928: Die Schlägertrupps Mussolinis gehen mit Zustimmung der Großgrundbesitzer und Industriellen gegen die aufständischen Arbeiter und linken Gruppierungen vor und kontrollieren bald viele Stadtregierungen. Um die Ohnmacht der Regierung zu demonstrieren, organisiert Mussolini mit 30.000 Anhängern den „Marsch auf Rom", wo ein geplanter Generalstreik unterdrückt

Guglielmo Marconi

Guglielmo Marconi (1874–1937), der in Bologna als Sohn eines italienischen Landbesitzers und einer Irin geboren wurde, erhielt 1909 (zusammen mit Ferdinand Braun) den Nobelpreis für Physik. Der Ingenieur war ein Pionier in der drahtlosen Kommunikation per Telegrafie. Einige seiner erfolgreichen Experimente wurden von England aus zur französischen Küste durchgeführt. Zudem gelang von Poldhu in Cornwall 1901 die erste Signalübertragung über den Atlantik nach Neufundland.

Im Palazzo Pepoli (15) ist Marconi ein ganzer Raum gewidmet. Außerdem befindet sich südlich von Bologna in den Apennin-Hügeln die Villa Griffoni, der Sitz der Familie Marconi, wo Guglielmo schon als Teenager seine ersten Experimente durchführte. Dort ist heute das Marconi Museum eingerichtet. Auch ist der Flughafen der Stadt nach dem Wissenschaftler benannt.

143 **Fondazione Guglielmo Marconi,** Villa Griffone, Via Celestini, 1, 40037 Pontecchio Marconi (BO), www.fgm.it, Tel. 051846121, So. 10 Uhr, Besichtigung nur im Rahmen einer geführten Tour (1,5 Std.), Eintritt: Erw. 5 €, erm. 2 €

wird. Vittorio Emanuele III. fühlt sich gezwungen, Mussolini zum neuen Ministerpräsidenten zu ernennen, und übergibt ihm de facto die Regierungsgewalt. Der sogenannte *Duce* („Führer") betreibt nun aktiv die Bildung einer faschistischen Diktatur.

1926: Der 15-jährige Anarchist Anteo Zamboni (1911–1926) verübt am 31. Oktober ein Attentat auf Mussolini, als dieser in Bologna seinen Marsch auf Rom mit einer Parade zelebriert. Nachdem Zambonis Schuss das Ziel verfehlt, wird er von Mussolinis Kadern noch vor Ort gelyncht. Das Ereignis dient den Faschisten zum Anlass, die Oppositionsparteien systematisch auszuschalten.

1935–36: Mussolini verbündet sich in der „Achse Berlin–Rom" mit Hitler.

1940: Italien tritt an deutscher Seite in den Zweiten Weltkrieg ein, bleibt an seinen Fronten jedoch weitgehend erfolglos.

1943: Mussolini wird von Gegnern in seiner eigenen faschistischen Organisation entmachtet und verhaftet. Die Regierung Badaglio schließt am 8. September einen Waffenstillstand mit den Alliierten, die den Süden Italiens bereits erobert haben.

1943: Die Deutschen halten Nord- und Mittelitalien und setzen den von ihnen befreiten Mussolini dort als Verwalter ein. Als Reaktion darauf wird die Emilia-Romagna zu einem Zentrum der Widerstandsbewegung *(Resistenza)*. Aus einem Zusammenschluss von Kommunisten, Sozialisten, Katholiken und Liberalen entsteht die Befreiungsorganisation CLN (Comitato di Liberazione Nazionale). Tausende von Partisanen werden von den Deutschen systematisch umgebracht. In Marzabotto, südlich von Bologna, ermordet die Wehrmacht 1830 Männer, Frauen und Kinder. (Heute befindet sich dort eine Gedenkstätte.) Mussolini wird schließlich von Partisanen gefangengenommen und hingerichtet.

1945: In der Schlacht von Bologna befreien polnische Soldaten die Stadt und hissen die polnische Flagge auf dem Torre Asinelli. Die historischen Bauten der Stadt haben erhebliche Schäden erlitten.

1946: In einem Referendum am 2. Juni stimmen die Italiener für eine neue Regierung. Fast 13 Millionen Bürger stimmen für eine föderale Republik und die Königsfamilie geht ins Exil. Der Tag der Republik (Festa della Repubblica) ist heute ein Nationalfeiertag.

1946–1966: Giuseppe Dozza, Kommunist und Mitglied der Befreiungsorganisation CLN wird zum ersten Nachkriegsbürgermeister von Bologna. Er bleibt 20 Jahre im Amt und lässt die Altstadt restaurieren. Die Emilia-Romagna bleibt bis Ende des 20. Jh. „rot", während auf nationaler Ebene die konservative Democrazia Cristiana die stärkste Partei ist.

1964: Die Bologneser Kanäle werden nicht mehr schiffbar erklärt. Die Schleusen zur Umleitung der Flüsse Reno, Savena und Aposa werden zerstört und die Kanäle mit Straßen überbaut.

1969–1978: Italienweit kommt es zu terroristischen Anschlägen neofaschistischer Gruppen.

1980: Bei einem Bombenanschlag auf den Hauptbahnhof, dem sogenannten „Strage di Bologna", sterben am 2. August 85 Menschen und mehr als 200 werden verletzt. Die Täter hatten einen mit Sprengstoff gefüllten Koffer in einem Wartesaal deponiert. Bis heute erinnert eine klaffende Lücke in der Wand des Wartesaals an den Anschlag. Dort befindet sich auch eine Tafel mit den Namen der Opfer. Erst 1995 wird das Täterpaar, Mitglieder einer rechtsextremistischen Organisation, verurteilt. Ebenfalls für schuldig befunden werden der Freimaurer Licio Gelli und drei Mitglieder des italienischen Geheimdienstes, denen Behinderung der Ermittlungsarbeiten nachgewiesen wird. Erst 2008 erhalten die Opfer bzw. ihre Angehörigen eine Entschädigungszahlung.

1989: Im Frühsommer des Jahres kommt es zu einer Algenpest an der Adria. Verantwortlich ist eine Überdüngung durch Abwässer aus dem Po-Delta. Trotz Abhilfemaßnahmen gelangen bis heute belastete Gewässer aus dem Fluss an die Küste.

1998: Italien tritt in die Europäische Währungsunion ein.

1999: In dem Jahr, in dem die älteste europäische Universität in Bologna ihren 900. Geburtstag feiert, unterzeichnen 29 europäische Staaten eine Erklärung zur europaweiten Hochschulreform, die als Bologna-Prozess bekannt wird.

2000: Bologna wird europäische Kulturhauptstadt.

2006: Bologna wird UNESCO City of Music.

2009: Der Naturpark Parco regionale del Delta del Po dell'Emilia-Romagna wird gegründet.

2012: Am 20. und 29. Mai 2012 kommt es zu zwei schweren Erdbeben bei Medolla, ca. 35 Kilometer nördlich von Bologna, und in der Nachbarstadt Mirandola. 31 Menschen sterben und es entsteht erheblicher Sachschaden in der Region – sogar am Castello Este in Ferrara und am Palazzo Comunale in Bologna.

2013: Bei den Nationalwahlen gewinnt das Mitte-Links-Bündnis der PD (Partito Democratico) unter Pier Luigi Bersani, das 2007 aus einem Zusammenschluss verschiedener Linksparteien entstand. Die vom Comedian Beppe Grillo gegründete Partei MoVimento 5 Stelle („5-Sterne-Bewegung") gewinnt viele Proteststimmen und zieht in die Abgeordnetenkammer ein.

2015/2016: Bei den Europawahlen gewinnt die PD die absolute Mehrheit und 2016 wird Virginio Merola von der PD zum Bürgermeister von Bologna gewählt.

2020: Während der Coronapandemie kommt es im Februar zu einem Massensterben in der norditalienischen Stadt Bergamo. Binnen zwei Monaten erliegen 6000 Menschen der Krankheit. Die sozialdemokratische PD gewinnt mit ihrem Mitte-Links-Bündnis die Mehrheit im Parlament der Region Emilia-Romagna.

2021: Im Oktober wird Matteo Lepore von der PD mit dem Mitte-Links-Bündnis zum Bürgermeister von Bologna gewählt.

2022: Der italienische Präsident Draghi erklärt seinen Rücktritt, nachdem er die Unterstützung seiner Koalitionspartner verloren hat. Im September gelangt bei den Nationalwahlen das rechtskonservative Bündnis unter Giorgia Meloni von den postfaschistischen Fratelli d'Italia an die Macht. Mit dabei ist die Lega unter Matteo Salvini und die Forza Italia, die Partei von Ex-Präsident Berlusconi.

Im Hauptbahnhof (s. S. 127) erinnert eine Tafel an die Opfer des Bombenanschlags von 1980

049bo-nh

Leben in der Stadt

Bologna hat gleich mehrere Beinamen: „La Grassa" („Die Fette") spielt auf die gehaltvollen kulinarischen Spezialitäten an, für die die Stadt berühmt ist. „La Dotta" („Die Gelehrte") bezieht sich auf die lange Geschichte der ältesten Universität, die seit Jahrhunderten die Dichter und Denker Italiens anzieht. „La Rossa" („Die Rote") ist ein Hinweis auf die Terrakotta- und Ockertöne der Bausubstanz der Stadt kombiniert mit roten Ziegeln, deren Farbintensität bei Regen besonders gut zur Geltung kommt. Nicht zuletzt ist der Begriff jedoch auch eine Anspielung auf die politische Gesinnung Bolognas, das bis 1999 kommunistisch regiert wurde und seit Jahrzehnten den anderswo in Italien erstarkenden rechtspopulistischen Strömungen trotzt. Dies gilt übrigens auch für den Rest der Emilia-Romagna, wo das Linksbündis aus PD (Partito Democratico) und linksökologischen Bewegungen wie Europa Verde die Verwaltung stellt.

084bo-nh

Bologna hat ca 391.000 Einwohner, aber in der Metropolregion leben mehr als eine Million Menschen. Damit ist sie die **bevölkerungsreichste Region der Emilia-Romagna.** Die Stadt hat einen überdurchschnittlich hohen Anteil an Studenten, die etwa ein Viertel der Bevölkerung ausmachen. Dennoch liegt der **Altersdurchschnitt** mit 51 Jahren weit über dem in Italien (42 Jahre). Dies kommt zum einen daher, dass in Bologna zwar überdurchschnittlich viele Menschen zwischen 18 und 34 Jahren leben, aber mehr als doppelt so viele zwischen 55 und 75 Jahren. Familien sind eher dünn gesät und die Geburtenrate liegt unterhalb der italienischen Norm. Dies mag damit zu tun haben, dass die Studenten sich nach ihrem Studium selten permanent hier niederlassen. Der Bevölkerungszuwachs der letzten Jahre erfolgte vor allem außerhalb des Stadtzentrums und ist großenteils auf die wachsende **Immigration** zurückzuführen, vor allem aus Europa, Afrika und Asien. Insgesamt bilden Immigranten mit insgesamt 155 verschiedenen Nationalitäten im Großraum Bologna einen Anteil von etwa 15,08 % der Bevölkerung.

◁ Die Bologneser verdienen überdurchschnittlich gut und geben gerne Geld für Gastronomie und Kultur aus

Die Emilia-Romagna gilt als **Motor Valley,** denn viele der bekanntesten italienischen Automarken von Maserati bis Ferrari haben hier ihren Sitz. Bologna ist zudem ein wichtiger Knotenpunkt für Autobahnen und Bahnstrecken, die den Norden mit dem Süden Italiens verbinden. Die **Autostrada del Sole A1** verkürzt vor allem die Strecke nach Florenz. Große Unternehmen wie der Motorradhersteller **Ducati Motor Holding** und die Kaffeebrennerei **Segafredo Zanetti** sowie verschiedene Businessparks haben ihren Sitz in den Randbezirken der Metropole und bieten Arbeitsplätze.

Die Administration Bolognas hat in den letzten Jahren große Anstrengungen unternommen, um die **Tourismusindustrie** zu beleben. So hat man zum Beispiel viel Geld in den Ausbau und die Modernisierung des Marconi-Flughafens gesteckt. Im Jahr 2021 verzeichnete man 4,1 Millionen Fluggäste.

Innerhalb Italiens ist Bologna insbesondere aufgrund seines kulinarischen und kulturellen Angebots seit Langem eine beliebte **Reisedestination.** Unter Europäern ist die Stadt immer noch ein Geheimtipp und steht zu Unrecht im Schatten der Nachbarn Florenz und Mailand. Stattdessen kommen Besucher aus China, Japan und Indien, dem Mittleren Osten und Osteuropa. Viele davon sind allerdings **Messebesucher** und halten sich nur kurz in der historischen Innenstadt auf. So hat sich Bologna seine Authentizität bewahrt und ist von Touristenfallen bisher weitgehend frei geblieben.

Das **Messegelände Bologna Fiera** ist inzwischen zu einem modernen Stadtteil herangewachsen, der sich zwischen der Ringstraße und der A14 befindet. Zu den erfolgreichsten Messen gehört neben der Autoausstellung Motor Show die Kunstmesse Arte Fiera und die Kinderbuchmesse Fiera del Libro per Ragazzi.

Die Geschichte Bolognas ist eng mit der ihrer **Universität** verbunden. Sie ist von jeher eine wohlhabende Stadt, in der viele Menschen mit einem hohen Bildungsgrad leben. Heute gehört die Region Emilia-Romagna zu den wohlhabendsten in Italien und dies zeigt sich auch in der Bevölkerungsstruktur der Regionshauptstadt. Die **Arbeitslosenquote** liegt auch nach den wirtschaftlich schwierigen Coronajahren mit ca. 4,6 % weit unter dem nationalen Durchschnitt, während der Durchschnittslohn darüber liegt. Etwa 71,1 % aller Jobs finden sich in der Serviceindustrie.

Die Atmosphäre in der Stadt wird zu einem großen Teil von den **Studenten** geprägt, die ja immerhin mehr als ein Viertel der Einwohner ausmachen. Zahlreiche **Kreative,** von Musikern und Schriftstellern bis zu Designern und Gastronomen, tragen ihren Teil zu den kulturellen Veranstaltungen und zum Nachtleben bei und bevölkern die Cafés und Restaurants. Etwa 8 % aller Betriebe in der Stadt gehören zum kulturellen Sektor, in dem etwa 77.000 Menschen beschäftigt sind. Die Initiative Incredibol! bietet aktiv Unterstützung für kreative Start-Ups und vergibt Fördergelder.

Über der Stadt schwebt stets ein **Flair der Boheme.** In den 1960er- und 1970er-Jahren war Bologna eine Hochburg der italienischen Studentenbewegung. Der Liedermacher und Schriftsteller Francesco Guccini brachte dies in seinem der Stadt gewidmeten Song „Bologna“ auf den Punkt: „Bologna ist ein provinzielles Klein-Paris, wo die Boheme sich komfortabel zwischen Wohnung und

052bo-nh

Osteria abspielt und wo jedes Glas neue Philosophien hervorbringt." Wie keine andere italienische Metropole paarte Bologna eine museumsartige historische Innenstadt mit einer aktiven Subkultur, die sich dort wie in einem Wohnzimmer bewegte. Obwohl inzwischen auch hier die Gentrifizierung Einzug gehalten hat, lassen sich die Rebellen auch im 21. Jahrhundert noch nicht ganz mundtot machen.

Die zeitgenössischen **Bologneser** sind üblicherweise gut situiert und haben ein kultiviertes Auftreten, sie reden gern über Politik, sind aber durchaus systemkritisch.

Bologna hat eine lange, stolze **Tradition des Widerstandes,** die bis zur Entstehung der Arbeiterbewegungen Ende des 19. Jahrhunderts zurückreicht. Im Zweiten Weltkrieg war die Emilia-Romagna ein Zentrum antifaschistischer Partisanen. Eine schmerzliche Erinnerung aus dieser Zeit ist das Massaker im benachbarten Marzabotto, wo die Deutsche Wehrmacht auf der Jagd nach Partisanen fast 1900 Zivilisten tötete.

Von 1946 bis 1999 wurde Bologna von kommunistischen Bürgermeistern verwaltet. In den 1960er- und 1970er-Jahren, als vielerorts die im Krieg beschädigten Altstädte abgerissen und durch Betonburgen ersetzt wurden, unternahm die Bologneser Stadtverwaltung große Anstrengungen, um die **historische Bausubstanz** wie das Archiginnasio 14 zu sanieren. Gleichzeitig belebte man das Stadtzentrum durch die Einführung kostenfreier öffentlicher Transportmittel.

Ende der 1970er-Jahre ging es jedoch wirtschaftlich wieder bergab: Hohe Mieten und schlecht bezahlte Jobs mündeten in ausgedehnten Protesten gegen die inzwischen korrupte Regierung. Als am 2. August 1980 ein terroristischer **Anschlag auf den**

⌃ *Die Kneipen im Gassengewirr des Quadrilatero 10 sind Lieblingsorte der Boheme*

⌄ *Vespas, Motor- und Fahrräder sind in Bologna das Fortbewegungsmittel der Wahl*

Bahnhof von Bologna verübt wurde, bei dem 85 Menschen umkamen, schob man die Schuld zunächst auf linksradikale Gruppen. Sechs Jahre später wurde enthüllt, dass die damaligen Behörden den wahren Sachverhalt verschleiert hatten: Die Attentäter waren Anhänger einer neofaschistischen Gruppe (s. S. 100).

Von 1999 bis 2004 orientierte sich Bologna kurzzeitig nach rechts und wurde von Berlusconis konservativer Partei **Forza Italia** regiert. Ab 2011 hielt die **Partito Democratico (PD)**, eine aus verschiedenen linken Parteien formierte sozialdemokratische Partei, die Mehrheit im Stadtparlament. Seit Oktober 2021 wird die Stadt von einer Mitte-Links-Koalition der PD mit der Coalizione Civica und der Fünf-Sterne-Bewegung unter Bürgermeister Matteo Lepore regiert. Vizebürgermeisterin ist die Italo-Kanadierin Emily Clancy von der radikalökologischen Coalizione Civica, die Vertreter aus Protestbewegungen wie Black Lives Matter, Extinction Rebellion und Fridays for Future vereint. Unter dem Motto *La Grande Bologna, per non lasciare indietro nessuno* („Das große Bologna, das niemanden zurücklässt") will die Regierung bis 2026 ein ambitioniertes Programm der Verbesserungen durchsetzen.

Wie alle wachsenden Städte hat Bologna mit **Umweltproblemen** wie Luftverschmutzung zu kämpfen. Die Stadt gibt sich umweltbewusst und Grünflächen und Parks werden als wichtige grüne Oasen recht gut gepflegt. In den Appenin-Hügeln wurde ein großer Landstrich von San Luca bis Casalecchio unter Naturschutz gestellt. Die Stadtverwaltung unter Lepore hat ein Kommitee für nachhaltige Stadtentwicklung (Fondazione Innovazione Urbana) eingerichtet.

„Lebendig, grün, offen" ist das offizielle Motto für die Stadtentwicklung Bolognas. Man ist bestrebt, das Leben für Fußgänger und Fahrradfahrer zu verbessern, wozu die Einführung der **verkehrsfreien Zone in der Innenstadt (ZTL)** eine gute Voraussetzung ist. Der Bau einer „Fahrradautobahn" von Bologna nach Verona ist in Arbeit.

Im Dürrejahr 2021 waren viele Seitenarme des Po komplett ausgetrocknet, worunter die Landwirtschaft enorm litt. Die Emilia-Romagna erklärte den Krisenzustand, die Gemeinden wurden zum Wassersparen aufgerufen. Mit diesem Problem wird man sich auch in den kommenden Jahren konfrontiert sehen.

Im **Öffentlichen Personennahverkehr** verlässt man sich hauptsächlich auf **Busse.** Das Netz ist gut ausgebaut, aber die Pläne der Linien sind oft noch etwas unübersichtlich und die Infos häufig nur auf Italienisch verfügbar. Weiter außerhalb liegende Bezirke sind durch Züge der FER mit dem Hauptbahnhof verbunden (s. S. 127). Der Ausbau des S-Bahn-Netzes (SFMBO) ist durch die Coronakrise ins Stocken geraten.

053bo-nh

Kreativstadt Bologna – UNESCO City of Music

Im Jahr 2006 verlieh die UNESCO Bologna den Titel „City of Music". Mit dieser Auszeichnung erkannte man die reiche musikalische Vergangenheit der Stadt an. Immerhin zählt sie Gioachino Rossini, den Meister der komischen Oper („Opera Buffa"), zu ihren Söhnen, der Publikumsrenner wie den „Barbier von Sevilla" komponierte. Ausschlaggebend für die Entscheidung der UNESCO war aber auch die Tatsache, dass die zeitgenössische Musikszene Bolognas sehr lebendig und vielseitig ist. Von Kirchenmusik und Klassik über Jazz, Rock, Pop, Indie, Hip-Hop und Folk bis zu Electronica sind hier alle Musikstile zu finden.

Im 18. Jahrhundert richteten sich die Augen der internationalen Musikwelt auf die **Accademia Filarmonica** (s. S. 83), die philharmonische Musikakademie Bolognas, die 1666 von Vincenzo Maria Carrati im Palazzo Guerazzi ins Leben gerufen wurde. Bereits die sogenannte **Bologneser Schule** hatte ab 1657 die Kirchenmusik revolutioniert und deren Schwerpunkt auf Instrumentalmusik, insbesondere Violinmusik, und Kurzmessen mit Sologesang verlagert. Ab 1758 unterrichtete der Franziskanerpriester **Padre Giovanni Battista Martini** (1706–1784) in der Accademia. Padre Martini war ein begabter Musiklehrer und Komponist, der sich zunächst in der Basilica di San Francesco einen Namen machte, wo er zahlreiche Sonaten und Kirchenmusik schuf. Daneben war Martini ein passionierter Sammler von Noten und Instrumenten und schrieb umfassende Werke über Musikgeschichte. Unter den Musikern des 18. Jahrhunderts war er geachtet und es zählten unter anderem kurzzeitig **auch Johann Christian Bach** und **Wolfgang Amadeus Mozart** zu seinen Schülern. 1770 brachte Mozarts Vater Leopold seinen damals 14-jährigen Sohn für drei Monate nach Bologna, damit dieser die Aufnahmeprüfung in der Akademie absolvieren konnte. Normalerweise mussten die Absolventen über 20 Jahre alt sein, aber aufgrund seiner Begabung machte man für Mozart eine Ausnahme. Unter der Führung von Padre Martini bereitete er sich auf die Prüfung vor, die er auch bestand. Im Mozartsaal der Akademie und in der Chiesa di Santa Maria dei Servi 17 finden heute regelmäßig Kammermusikkonzerte statt. Teilweise treten hier die verbleibenden Solisten des Mozart-Orchesters auf, das vom Stardirigenten Claudio Abbado gegründet und bis zu seinem Tod 2014 geleitet wurde.

Im Jahr 1763 eröffnete das Opernhaus **Teatro Comunale** 22 an der heutigen Piazza Verdi im Universitätsviertel. Schon damals war es Bolognas erste Adresse für Opern und Konzerte. Zu Beginn des 19. Jahrhunderts entstand als Ableger der Akademie die erste öffentliche Musikhochschule Italiens, das heutige **Conservatorio G. B. Martini**, untergebracht in der Augustinerabtei Basilica di San Giacomo Maggiore. **Gioachino Rossini** (1792–1868) studierte hier ebenso wie sein Zeitgenosse und Kompo-

> *Jazzgitarristin in Bologna – auch Straßenmusik ist hier von hoher Qualität*

nist des Belcanto, **Gaetano Donizetti** (1797–1848). Donizetti dirigierte 1842 die italienische Ur-Aufführung von Rossinis **„Stabat Mater“** im danach benannten Saal des einstigen Universitätsgebäudes Archiginnasio (14). Der gebürtige Bologneser **Ottorino Respighi** (1879–1936), der ebenfalls am Liceo studierte, wurde später durch seine Instrumentalmusik wie die Sinfonien der „Römischen Trilogie“ bekannt.

Über die Jahrhunderte trug die Akademie (nicht nur aufgrund der akribischen Sammelleidenschaft des Padre Martini) Hunderte von musikalischen Partituren, Librettos und Musikbüchern, aber auch Instrumente, persönliche Gegenstände und Porträts der hier tätigen Musiker zusammen, darunter handschriftliche Manuskripte von Monteverdi, Gluck, Wagner und Respighi. Die Stücke sind seit 2004 im sehenswerten **Museo internazionale e biblioteca della musica di Bologna** (18) ausgestellt. Es ist im Palazzo Sanguinetti untergebracht, den Rossini von 1846 bis 1851 während seiner Zeit als Schatzmeister für die Accademia Filarmonica bewohnte. Ihm ist im Museum ein eigener Raum gewidmet, der u.a. sein Piano beherbergt.

Viele italienische *Cantautori* (Liedermacher) haben Bologna ihre poetischen Zeilen gewidmet, so zum Beispiel **Dino Sarti** (1936–2007), **Francesco Guccini** (geb. 1940, gleichzeitig ein erfolgreicher Autor), **Luca Carboni** (geb. 1962) sowie **Cesare Cremonini** (geb. 1980 in Bologna) mit seiner Band Lunapop.

Der Liedermacher **Lucio Dalla** (1943–2012) lebte und wirkte Zeit seines Lebens in Bologna. Seine Lieder mit poetischen und philosophischen bis romantischen Texten gehören heute zum italienischen Kultur-

051bo-nh

erbe. Der Barde mit dem zersausten Äußeren, komplett mit Dreitagebart, Rundbrille und Strickmütze, begann seine Karriere als Jazzmusiker, gelangte aber erst 1976 mit seinem Song „4. Marzo 1943 (Gesù bambino)“ zu Ruhm.

Dalla war homosexuell, aber auch Mitglied in der erzkatholischen Organisation Opus Dei. In seinem späteren Werk beschäftigte er sich viel mit zwischenmenschlichen Konflikten und religiösen oder philosophischen Themen. Sein sentimentaler Titel „Caruso“ wurde mehrfach gecovert, nicht zuletzt vom Tenor Luciano Pavarotti. Fast 50.000 Menschen gaben Lucio Dalla nach seinem Tod das letzte Geleit. Er wurde auf dem **Certosa-Friedhof** 30 beigesetzt. Dallas Appartement mitten in der Altstadt in der Via d'Azeglio ist heute ein Museum (**Museo Lucio Dalla**, s. S. 21).

Als Teil des weltweiten UNESCO-Netzwerks von kreativen Städten (UNESCO Creative Cities) organisiert man kulturelle Veranstaltungen, die oft eine Mischung aus Musik, Film, Theater und Kunst bieten, so zum Beispiel den Kultursommer **Bologna Estate** (s. S. 91). Bereits ab 1946 hatte die Stadt ein regelmäßiges Jazz-Event, bei dem international bekannte Größen auftraten. In Erinnerung an den Jazzfan Alberto Alberto, der 1958 das Bologneser Jazz-Festival ins Leben rief, findet alljährlich das Festival **La Strada Del Jazz** (s. S. 91) statt. Dann sind die Gassen rund um das Quadrilatero von Bands und Zuhörern bevölkert. Wer aufmerksam schaut, findet auf der Via degli Orefici [E4], der selbsternannten „Straße des Jazz“, an verschiedenen Stellen Sterne im Boden, die an bekannte Jazzmusiker erinnern, die in Bologna aufgetreten sind.

Klassische Musik ist in unzähligen Formen vertreten, z. B. beim **Bologna Festival** (s. S. 90) oder durch die Konzertreihen von **Musica Insieme** (s. S. 91). Auch experimenteller Musik wird Raum geboten, z. B. durch das Institut für Musikforschung (Centro di Ricerca Musicale) mit seinem internationalen spartenübergreifenden Festival **AngelicA** (s. S. 90).

Vielfältig und schräg geht es in der Underground-Szene zu. Fast jeden Abend wird irgendwo an irgendeinem Veranstaltungsort Livemusik geboten. Informationen über die zahlreichen Veranstaltungen von Rock bis Electronica findet man auf Flyern an Säulen und Hauswänden im Universitätsviertel, es gibt aber auch einschlägige Facebook-Seiten von Organisatoren wie **B.U.M. Bologna Underground.** Einige der großen Musikclubs wie der Estragon Club (s. S. 82) organisieren auch Sommerfestivals.

› **B.U.M. Bologna Underground,** www.facebook.com/bolognaunderground. Raves und andere Events.

PRAKTISCHE REISETIPPS

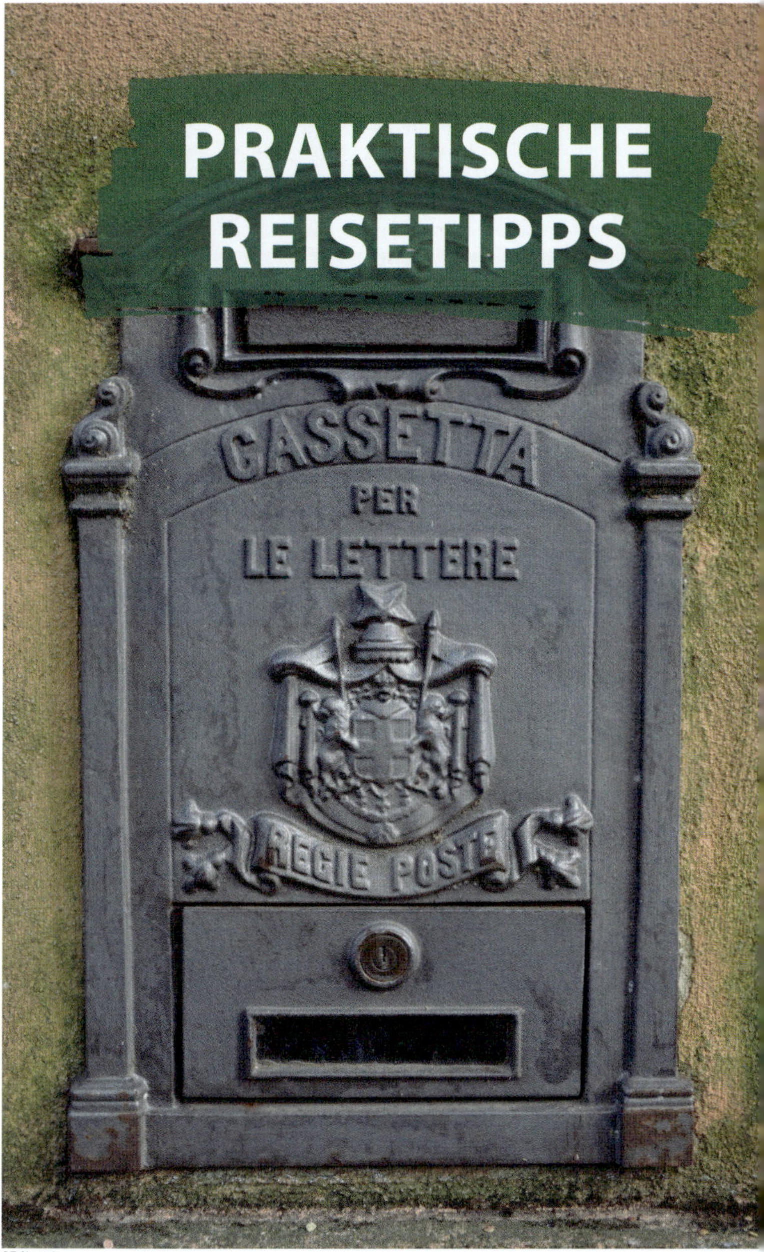

054bo-nh

An- und Rückreise

Mit dem Flugzeug

Der **Flughafen Guglielmo Marconi** befindet sich ca. 6 km in nordwestlicher Richtung vom Stadtzentrum entfernt.

Lufthansa fliegt von Frankfurt aus hierher. Mit Billigfliegern kommt man z. B. ab Köln-Bonn, Berlin, Düsseldorf, Hamburg, München und Stuttgart nach Bologna. Austrian Airlines hebt von Wien ab und von Zürich aus starten z. B KLM, Lufthansa und Air France.

- •144 **Aeroporto G. Marconi Bologna,** Via del Triumvirato 84, Tel. 0516479615, www.bologna-airport.it

Vom Flughafen in die Stadt

Vom Flughafen zum Hauptbahnhof Bologna Centrale verkehrt ein **Monorail-Expresszug.** Er fährt zwischen 5.45 und 24 Uhr, eine Fahrt dauert 7 Minuten. Tickets sind über die Website erhältlich und kosten 9,20 € für eine einfache Fahrt, 17 € für die Hin- und Rückfahrt.

› www.marconiexpress.it/en

Ein **Taxi** vom Flughafen bis zum Bahnhof kostet Montag bis Samstag ca. 20 €, sonn- und feiertags ca. 25 € (jeweils zuzüglich 0,50 € pro Gepäckstück).

› **Taxi COTABO,** Tel. 051372727
› **C.A.T.,** Tel. 0514590

055bo-nh

Im Hauptbahnhof Bologna Centrale (s. S. 127)

Vorseite: An Bolognas Häusern sieht man vielfach noch historische Briefkästen

Mit der Bahn

Der Hauptbahnhof **Bologna Centrale** (s. S. 127) befindet sich im Norden der Stadt direkt am inneren Ring. Auch mit der Bahn gibt es von allen Großstädten aus Verbindungen, die Reisende an einem Tag nach Bologna bringen, allerdings muss man dabei meist mehrmals umsteigen (z. B. ab München oder Salzburg, Umstieg in Verona).

› **Deutsche Bahn,** www.bahn.de
› **ÖBB,** Österreichische Bundesbahnen, www.oebb.at
› **SBB,** Schweizerische Bundesbahnen, www.sbb.ch/de
› **Trenitalia,** www.trenitalia.com

Mit dem Fernbus

Fernbusse von Flixbus fahren von vielen größeren Städten in Deutschland nach Italien. Die Busstation in Bologna (**Autostazione di Bologna**) liegt östlich des Hauptbahnhofs. Sie ist gut ausgestattet, da hier auch viele Busse aus Südeuropa ankommen.

•**145** [E1] **Autostazione di Bologna**, Piazza XX Settembre 6, Tel. 3343408659, www.autostazionebo.it.

› **Flixbus**, www.flixbus.de

Mit dem Auto

Für Besucher, die noch andere Teile der Emilia-Romagna erkunden möchten, lohnt sich auch die Anreise mit dem eigenen Auto, denn die Strecke ist durchaus in einem Tag zu schaffen (von München ca. 6 Std.). Bei der Anreise mit dem Auto nach Bologna empfehlen sich vor allem die **Brennerautobahn** (Innsbruck, Bozen, Verona) oder die etwas weniger befahrene, aber längere **Tauernautobahn** (München, Salzburg, Udine).

Wer durch **Österreich** anreist, benötigt eine **Vignette** (10 Tage 9,90 €), die man an Raststätten kaufen kann. Auch die **Autobahnen in Italien sind mautpflichtig.** Man bezahlt je nach gefahrener Strecke an den Mautstellen in bar oder mit Kreditkarte. Anfang August, wenn die italienischen Ferien beginnen, ist mit Staus zu rechnen.

› **Autostrade per l'Italiana,** www.autostrade.it/en/persone. Auf der interaktiven Karte sieht man die Mautstationen und Raststätten.

› **ADAC-Notrufnummer:** Tel. 0049 (0)89 222222

Autofahren

Wer mit dem Auto anreist, muss bedenken, dass der **Innenstadtbereich** von Bologna eine **verkehrsberuhigte Zone (ZTL)** ist. Die Zufahrt zum Zentrum ist von 7 Uhr morgens bis 20 Uhr abends nur für autorisierte Personen gestattet. Hotelgäste dürfen zwar in den Innenstadtbereich fahren, allerdings sind öffentliche Parkplätze knapp und über Nacht nicht unbedingt sicher. Wer ein Hotel bzw. eine Ferienwohnung in der Innenstadt gebucht hat, sollte daher sicherstellen, dass ein Parkplatz vorhanden ist. Leider verlangen Hotels meist Gebühren fürs Parken, im Schnitt 20 € pro Nacht. Man sollte nicht ohne Navi oder zumindest ohne eine gute Stadtkarte ins Zentrum von Bologna reisen, denn es gibt ein System von **Einbahnstraßen** und man kann sich ohne gute Orientierungshilfe durchaus verfahren.

Folgende Regeln sind beim Autofahren in Italien zu beachten: In Ortschaften gilt eine **Geschwindigkeitsbeschränkung** von 50 km/h, auf Schnellstraßen 110 km/h, auf Autobahnen 130 km/h. **Abblendlicht** ist auch tagsüber vorgeschrieben. Die **Promillegrenze** ist 0,5 %. Mitführen sollte man neben dem Führerschein und den Fahrzeugpapieren auch die **grüne Versicherungskarte.** Auch ein **Auslandsschutzbrief** ist empfohlen, denn eine Pannenhilfe (bzw. Abschleppen) ist immer kostenpflichtig. Der italienische Automobilclub ist der ACI.

› **ZTL – Zona a Traffico Limitato del Centro Storico,** Infos unter www.bolognawelcome.com/en/other/other/limited-traffic-area-ztl-en

› **Polizei,** Tel. 051266626. Hier kann man anrufen, falls der Wagen wegen Falschparkens abgeschleppt wurde.

› **ADAC,** deutschsprachiger Notrufdienst: Tel. 3921041

› **ACI,** www.aci.it, Tel. 800116800

Parken kann man z. B. hier:

P**146** [D1] **Abycar,** Via Cesare Boldrini 3a (nahe Bahnhof), www.abycar.it, Tel. 051247237, 24 Stunden geöffnet

P147 [E1] **Garage Masini,** Viale Angelo Masini 4 (nahe Busbahnhof), www.garagemasini.it, 24 Stunden geöffnet

Barrierefreies Reisen

Italien ist bestrebt, sein Transportsystem und andere Einrichtungen barrierefrei zu gestalten. Dies geschieht unter dem Stichwort **Turismo Accessibile.** Leider ist der Service momentan noch sehr lückenhaft und auch die Websites der einschlägigen Organisationen bieten nicht allzu viele Informationen bzw. sind nur in italienischer Sprache verfügbar.

Die Website von **Bologna Welcome** hält einige Informationen für den Aufenthalt in der Stadt bereit und gibt Auskunft über barrierefreie Sehenswürdigkeiten und Transportmittel.

Am Bahnhof gibt es den Wartesaal **Sala Blu,** wo Assistenz für Behinderte angeboten wird. Die meisten Busse haben inzwischen Rampen und Behindertenplätze bzw. Stellplätze für Rollstühle.

Im Fußgängerzonenbereich der Innenstadt kann man auch mit Rollstuhl navigieren, die historischen Arkadengänge sind jedoch meist nicht stufenlos.

In Deutschland ausgestellte Parkausweise für Behinderte sind in Italien gültig und man darf auch in der verkehrsberuhigten Zone parken: Man muss sich aber vorher bei der Touristeninformation eine Genehmigung einholen.

› **BOforAll,** https://www.itcares.it/portfolio/boforall. Mithilfe dieser App erhalten Menschen mit Behinderung sehr brauchbare Informationen für Touren durch die Stadt und die Zugänglichkeit von Museen und anderen Einrichtungen (s. S. 114).
› **Bologna Welcome,** www.bolognawelcome.com/en/other/other/accessible-tourism-in-bologna. Basisinfos für Behinderte.
› **COTABO,** Tel. 051372727. Behindertengerechte Taxis.
› **Sala Blu,** www.rfi.it/en.html, tgl. 6.45–21.30 Uhr. Assistenz am Bahnhof.

Diplomatische Vertretungen

Nach Italien können deutsche Bürger, Österreicher und Schweizer mit dem Reisepass bzw. Personalausweis einreisen. Italien ist Schengen-Mitglied.

› **Botschaft der Bundesrepublik Deutschland,** Ambasciata della Repubblica Federale di Germania, Via San Martino della Battaglia 4, 00185 Rom, Tel. 0039 06492131, www.rom.diplo.de
› **Generalkonsulat der Bundesrepublik Deutschland Mailand,** Via Solferino 40, 20121 Milano, Tel. 0039 026231101, www.mailand.diplo.de
› **Österreichische Botschaft,** Ambasciata d'Austria, Via Pergolesi 3, 00198 Rom, Tel. 0039 068440141, www.bmeia.gv.at/it/roma
•148 [D5] **Österreichisches Honorarkonsulat Bologna,** Via Farini 6, Tel. 0039 051267644
› **Schweizerische Botschaft,** Ambasciata Svizzera, Via Barnaba Oriani 61, 00197 Rom, Tel. 0039 06809571, www.eda.admin.ch/roma

Elektrizität

In Italien gibt es 230-Volt-/50-Hertz-Wechselstrom und teilweise sind noch dreipolige Steckdosen in Verwendung, für die ein Adapter erforderlich ist.

Geldfragen

Das offizielle Zahlungsmittel in Italien ist der **Euro. Banken** und **Geldautomaten** finden sich in der Via dell'Indipendenza [D4–E1], der Via Rizzoli [E4] und nahe der Via Farini [D–F5] im Bankenviertel – dort ist auch der Sitz der Filiale der Banca d'Italia.

In Bologna kann man in größeren Geschäften, den meisten Boutiquen, Cafés und Restaurants mit **Debitkarten (Girocards**, s. u.) und **Kreditkarten** bezahlen. In kleinen Eckkneipen oder Läden wie Zeitungskiosken, Gelaterias oder auf Märkten benötigt man jedoch **Bargeld.**

Während die Unterkünfte in der Messestadt Bologna ungewöhnlich teuer sind, sind die **Lebenshaltungskosten** insgesamt eher niedrig. Lebensmittel sind überall recht preiswert und es gibt viele erschwingliche Restaurants. Auch die **Eintrittspreise** in den Museen halten sich in Grenzen bzw. man kann von Vergünstigungen profitieren.

Debitkarten (Girocard)

Es kann vorkommen, dass Banken ihre Debitkarten mit der Bezahlfunktion **V PAY** ausstatten, bei der nicht der kopierbare Magnetstreifen, sondern der Chip ausgelesen wird. Das hat zur Folge, dass an Bankautomaten in Italien mit solchen Karten unter Umständen kein Geld gezogen werden kann, da die Automaten die Chips nicht lesen können.

Wer im Ausland mit seiner Debitkarte bezahlen oder Bargeld abheben möchte, sollte sich im Vorfeld bei seiner Bank erkundigen und die Karte ggf. für das Reiseland freischalten lassen.

Informationsquellen

Infostellen in der Stadt

Im Büro der **Touristeninformation** im Palazzo del Podestà ist immer viel los, sodass mit Wartezeiten zu rechnen ist. Die Website der Stadt ist vor-

Bologna preiswert

Der Kauf einer **Bologna Welcome Card Easy** (25 €) oder einer **Bologna Welcome Card Plus** (40 €, jeweils gültig für 15 Tage, www.bolognawelcome.com/en, erhältlich online oder in der Touristeninformation, s. S. 114) lohnt sich, denn man erhält in vielen Museen und anderen Einrichtungen wie Restaurants, Geschäften und anderen Freizeiteinrichtungen Vergünstigungen. Mit der Karte gibt es außerdem Ermäßigungen bei Stadtrundfahrten und dem Aufstieg auf den Torre dell'Orologio (s. S. 19). Wer länger in der Stadt bleibt, für den lohnt sich der Kauf der **Card Cultura** (www.cardcultura.it/en, 25 €/15 € unter 26 Jahren), die ein ganzes Jahr lang gilt und ähnliche Vergünstigungen bietet.

Am ersten Sonntag im Monat erhält man freien Eintritt in allen **städtischen Museen** (s. S. 69).

Beim **Aperitivo**, der in den meisten Bars der Stadt angeboten wird, erhält man zum Getränk kostenlose Häppchen (s. S. 79). Wer seinen **Kaffee im Stehen** an der Bar trinkt, zahlt weniger, als wenn er sich an einen Tisch setzt. In den Cafés und Bars der Studentenviertel sind Getränke generell preiswerter.

Im Sommer finden in den Parks der Stadt, zum Beispiel im Parco della Montagnola, **kostenfreie Konzerte** und andere Veranstaltungen statt.

bildlich angelegt und alle Infos sind leicht zu finden, auch auf Englisch und Deutsch (allerdings sind die Informationen nicht in jeder Sprache vollständig enthalten). Weitere Infoschalter findet man am Bahnhof, in der Ankunftshalle am Flughafen G. Marconi und auf dem Messegelände Bologna Fiera. Die Touristeninformation vermittelt auch Stadttouren und bietet einen Kartenservice für Veranstaltungen.

Einfache **Stadtpläne** bekommt man ebenfalls bei Bologna Welcome, eine detailliertere Übersichtskarte bietet z. B. Istituto Geografico De Agostini (erhältlich in den Buchhandlungen, s. S. 87). Die städtischen Verkehrsbetriebe **TPER** haben Büros in der Via Marconi und am Busbahnhof.

› **Bologna Welcome,** Piazza Maggiore Infopoint, Palazzo del Podestà 2, Piazza Maggiore 1/e, Tel. 0039 0516583111, www.bolognawelcome.com/en, geöffnet: Mo–Sa 9–19, So, Fei 10–17 Uhr, geschl. 25./26. Dez., 1. Jan., Ostersonntag

056bo-nh

Bologna im Internet

› **www.bolognatoday.it,** aktuelle Nachrichten und Termine
› **www.magazine.unibo.it,** Infomagazin der Universität
› **www.thelocal.it,** italienische Nachrichten auf Englisch
› **www.cittametropolitana.bo.it, www.comune.bologna.it:** offizielle Websites der Stadt Bologna
› **www.bolognawelcome.com/en:** offizielle Website der Touristeninformation

Bologna-Apps

› **BOforAll:** Die App bietet Informationen über barrierefreie Einrichtungen, Museen und Stadttouren (kostenlos für iOS und Android).
› **Muver:** Mit der App kann man Tickets für die öffentlichen Verkehrsmittel in Bologna kaufen. Bezahlung nur mit Kreditkarte (kostenlos für Android).
› **TaxiClick:** Über diesen Anbieter lassen sich Taxis bestellen (kostenlos für iOS und Android).
› **VeloBÒ:** Die App verzeichnet Fahrradwege in Bologna (kostenlos für Android).

Publikationen und Medien

Nur etwa ein Zehntel der Italiener liest regelmäßig eine Tageszeitung. Zu den wichtigsten seriösen Zeitungen zählen der **Corriere della Sera** (www.corriere.it), **La Repubblica** (www.repubblica.it, mit großem Sportteil) und **La Stampa** (www.lastampa.it), gefolgt von der Sportzeitung **La**

Am Zeitungskiosk bekommt man auch Snacks, Getränke und Souvenirs

Meine Literaturtipps

Der in Parma geborene, aber in Bologna ansässige Schriftsteller **Carlo Lucarelli** verfasste zahlreiche Bologna-Krimis, u. a. die Trilogie um Inspektor De Luca (1990–1996), die auch vom italienischen Sender RAI verfilmt wurde und die im faschistischen Italien spielt. Der Kommissar ermittelte in „Freie Hand für De Luca" („Carta bianca"), „Der trübe Sommer" („L'estate torbida") und „Der rote Sonntag" („Via delle Oche").

Ein weiterer namhafter Krimiautor ist **Lorenzo Machiavelli,** dessen Commissario Sarti Antonio (z. B. in „Unter den Mauern von Bologna", 2005) in der Stadt ermittelt. Beim Lesen erhält man immer auch Einblick in verborgene Ecken Bolognas, denn Machiavelli führt seinen Kommissar in die entlegensten Bogengänge und unterirdischen Kanäle.

John Grisham ließ sich von der einzigartigen Architektur und Atmosphäre Bolognas zu seinem Spionagethriller „Die Begnadigung" („The Broker", 2005) inspirieren. Sein Held, Joel Backman, findet unter den Arkaden Schutz vor Killern, die die CIA auf ihn angesetzt hat. Dabei hat er aber noch genug Zeit, die kulinarischen Besonderheiten der Stadt zu probieren und sich zu verlieben.

Bolognas verwunschene Klosteranlagen und mittelalterliche Paläste mit ihren geheimnisvollen Innenhöfen sollen **Umberto Ecos** berühmten Roman „Der Name der Rose" („Il nome della rosa", 1980) inspiriert haben. Eco kam 1975 als Lektor für mittelalterliche Semiotik an die neu gegründete Bologneser Fakultät für Kunst, Musik und Darstellende Kunst (DAMS) und vertraute dem Liedermacher Francesco Guccini an, dass ihm ein Mittelalterkrimi vorschwebe. Eco blieb Bologna treu verbunden: 1992 etablierte er den ersten Kurs für Kommunikationswissenschaften an der Universität und erhielt 2016 als Ehrung das Große Siegel (Sigillum Maximum).

Im Roman „Das unendliche Blau" (2015) genießt die an Krebs erkrankte sterbende Heldin von **Annette Hohberg** das Dolce Vita von Bologna und trifft hier sogar ihre große Liebe.

Gazetta dello Sport (www.gazzetta.it). Der Corriere und Repubblica veröffentlichen lokale Ausgaben für Bologna (http://corrieredibologna.corriere.it, http://bologna.repubblica.it), ebenso wie die Zeitung **Il Resto del Carlino** (www.ilrestodelcarlino.it).

Einen zentralen Zeitungskiosk gibt es auf der Ostseite der Piazza Maggiore ❶. Dort erhält man ebenso wie am Bahnhof (und Flughafen) auch verschiedene internationale Zeitschriften.

Internet

Bologna hat noch kein durchgängiges WLAN-Netz und bisher bieten auch nur ausgesuchte Restaurants und Cafés diesen Service an. Allerdings hat die Stadt verschiedene **Hotspots** eingerichtet, wo man sich in ein kostenfreies Netz einloggen kann, so z. B. an der Piazza Maggiore ❶ und der Piazza Verdi [F4] sowie in den Bibliotheken und städtischen Museen. Die untenstehende Website verzeichnet auf einer Karte noch weitere Einrichtungen wie z. B. Cafés und Buchläden, die WLAN anbieten. Hotels, B&Bs und Ferienwohnungen stellen WLAN normalerweise kostenfrei oder gegen eine kleine Gebühr zur Verfügung.

› https://www.comune.bologna.it/notizie/wireless

LGBT+

Bologna ist eine der LGBT-freundlichsten Städte in Italien und das gut organisierte **Cassero LGBTI+ Center** die primäre Anlaufstelle. Hier ist man mit allen Anfragen behilflich. Das Zentrum organisiert alljährlich Ende Okt./Anfang Nov. das **Gender Bender Festival** (s. S. 92). Es stellt zudem das PDF **Bologna LGBTQI** zum Download bereit.

Infostellen

149 [C2] **Cassero LGBTI+ Center,** Via Don Minzoni 18, Tel. 0510957200, www.cassero.it, www.arcigay.it/bologna, Büro: Mo 10–13, 14–22, Di–Fr 10–13, 14–19 Uhr. Info-PDF zum Download: www.cassero.it/chi-siamo/bologna-lgbtqi. Anlaufzentrum für die Szene mit Eventkalender auf der Website. Im Nachtclub des Zentrums finden regelmäßig House- und Disco-Nächte statt.

150 [A4] **Libreria Igor,** c/o Senape Vivaio Urbano, Via Santa Croce 10/ABC, Tel. 051229466, www.bolognaisfair.it/libreria-igor, Mo–Sa 10–13, 16–19.30 Uhr. Auf Inhalte, die für die LGBT-Szene interessant sind, spezialisierter Buchladen. Es gibt auch Lesungen und andere Veranstaltungen.

151 [D2] **MIT – Movimento Identità Transessuale,** Via Polese 15, Tel. 051271666, www.mit-italia.it, Mo–Do 10–16, Fr 10–14 Uhr. Anlaufstelle für Transsexuelle, Transvestiten und Transgender. Die Organisation veranstaltet alljährlich im Cinema Lumière das Filmfestival Divergenti (www.mit-italia.it/divergenti).

Clubs und Cafés

Die **Via del Pratello** im Westen der Stadt gilt seit den 1970er-Jahren als Meile für alternatives Nachtleben mit zahlreichen LGBT-Bars und -Clubs. Größere Nachtclubs findet man rund um die Porta Saragozza im Südwesten.

152 [F3] **Barattolo Café Bar,** Via del Borgo di San Pietro 16/a, Facebook, geöffnet: Mo–Do 17–2 Uhr, Fr 17–3, Sa 18–3 Uhr. Die Café-Bar ist laut eigener Aussage Treffpunkt für „rebellische Seelen aus der anarchistischen Lesbenszene".

153 **Red Club,** Via del Tipografo 2, Tel. 0516011241, www.redbologna.it, geöffnet: je nach Veranstaltung. Dieser Club in einem Industriegebiet hat verschiedene Themennächte im Programm und öffnet im Sommer auch die Außenterrasse mit Swimmingpool. Hier verkehrt ein überwiegend männliches Publikum.

Medizinische Versorgung

Wer seine **Krankenversicherungskarte** (EHIC, European Health Insurance Card) mitführt, erhält auch in Italien medizinische Versorgung. Für eine Notfallversorgung geht man in die Notaufnahmen eines Krankenhauses *(ospedale)*.

Falls **Vorkasse** geleistet werden muss, was in Italien auch mit EHIC-Karte vorkommen kann, werden die Kosten hinterher von der Krankenkasse zurückerstattet. Hierzu muss man sich vom behandelnden Arzt *(medico)* eine Bescheinigung *(richiesta)* ausstellen lassen.

Die **Verständigung** mit medizinischem Personal kann gegebenenfalls ein Problem darstellen, denn oft wird nur Italienisch gesprochen. Die Botschaften und Konsulate (s. S. 112) können Ärzte mit Fremdsprachenkenntnissen vermitteln. Ein internationales Gesundheitszentrum gibt es in Mailand.

- **154 Ospedale Maggiore Carlo Alberto Pizzardi,** Azienda Unità Sanitaria Locale Bologna, Largo Bartolo Nigrisoli 2, 40133 Bologna, Tel. 0516478111, www.ausl.bologna.it/iap_dati/view_site?id=15740, Notdienst/Erste Hilfe: Mo–Fr 11–13, Sa 8.30–12 Uhr
- **Zahnärztlicher Notdienst** (Ambulatorio odontoiatria stomatologia „Beretta"), im Ospedale Maggiore Carlo Alberto Pizzardi, Tel. 0516478111, Mo–Fr 8.30–13.30, Sa 8.30–12, So 8–13 Uhr
- **155** [D1] **Farmacia della Stazione,** Viale Pietro Pietramellara 22, Tel. 051246603, www.farmaciastazionebologna.it, Mo–Sa 7.30–23, So, Fei 8–22 Uhr. Apotheke am Bahnhof mit langen Öffnungszeiten.

Mit Kindern unterwegs

Wer Bologna (und Italien generell) mit dem Nachwuchs besucht, wird zumindest mit der Ernährung wenig Probleme haben, denn Pizza, Pasta und Eis gehören bei den meisten Kindern zu den kulinarischen Favoriten. Ein Highlight könnte z. B. der Besuch im **Gelato Museum Carpigiani** (s. S. 68) sein. Hier werden verschiedene interaktive Touren angeboten, u. a. gibt es auch kindgerechte Workshops für Familien. Bei der Museumsführung lernt man viel über die lange Geschichte der Eiscremeherstellung, die Erfindung der Eiswaffel und den nachfolgenden Siegeszug des italienischen *gelato* in die ganze Welt. Danach darf man je nach gebuchter Tour entweder selbst aktiv werden oder zumindest probieren.

Ein Besuch der Motorradausstellung im **Museo Ducati** (s. S. 69) ist für ältere Kinder interessant.

In der Touristeninformation (s. S. 114) kann man verschiedene **kindgerechte Touren** buchen, zum Beispiel eine Schnitzeljagd (www.bolognawelcome.com/it/ricerca?q=bambini). **Fahrradverleihe** (s. S. 119) bieten immer auch Kinderräder an und an einer **Radtour** entlang der alten Kanäle Bolognas haben auch Kinder Spaß.

Die verkehrsfreien Zonen in der Innenstadt sind beim Bummeln für Kinder relativ sicher, gleiches gilt für Spaziergänge durch die **Arkaden,** die ganz unterschiedliche Baustile und Deckenverzierungen haben und wo es immer viel zu bestaunen gibt. Unterhalb des Palazzo Re Enzo ist besonders die **Flüstergalerie** im Voltone del Podestà (s. S. 17) interessant. Stellt man sich hier in die Ecken und dreht sich zur Wand, kann man das Flüstern in den gegenüberliegenden Ecken hören.

Im **Botanischen Garten** (Orto Botanico ed Erbario, s. S. 89) gibt es einiges zu schauen und in den **Giardini Margherita** 27 ist die größte Attraktion der See, auf dem man im Sommer auch Bootfahren kann.

Erfrischung im kühlen Nass bieten verschiedene öffentliche **Hallenbäder** und ein Freibad. Unweit von Ravenna findet man zudem ausreichend Badestrände und den großen und sehr beliebten Freizeitpark **Mirabilandia.**

•156 **Mirabilandia,** Parco della Standiana Srl, 48125 Savio - Loc. Mirabilandia (SS16, km 162), http://mirabilandia.it/en, geöffnet: Mitte April-Ende Okt.

S157 **Piscina Communale Cavina,** Via Biancolelli 36, 40132 Bologna, Borgo Panigale, Tel. 051404312, www.sogese.com/piscine/cavina, geöffnet: Mo 9-15, Di, Do 6-15, Fr 12-15, Sa 8-15, 17-20, Mo, Di, Do, Fr 20.30-22.30, Mi 9-22.30, So 9-18 Uhr. Hallenbad und Freibad im westlichen Stadtteil Borgo Panigale unweit des Museo Ducati.

Notfälle

- **Notruf:** 112
- **Polizei:** 113
- **Rettungswagen:** 118
- **Feuerwehr:** 115

158 [D5] **Polizia del Stato,** Questura di Bologna, Piazza Galileo Galilei 7, 40123 Bologna, Tel. 0516401111, http://questure.poliziadistato.it/Bologna

- **Fundbüro Flughafen,** Tel. 0516479647, geöffnet: 12-14, 18.30-20.30 Uhr; am Flughafenschalter: 8.30-10, 14-18.30 Uhr

•159 **Städtisches Fundbüro (Ufficio Oggetti rinvenuti),** Piazza Liber Paradisus, Tel. 0512197070, Mo, Mi, Do, Fr 8.30-12.30, Di 8.30-12.30, 14.30-16.30 Uhr

Kartensperrung

Bei **Verlust der Debit-/Giro-, Kredit-** oder **SIM-Karte** gibt es für Kartensperrungen eine **deutsche Zentralnummer** (unbedingt vor der Reise klären, ob die eigene Bank bzw. der jeweilige Mobilfunkanbieter diesem Notrufsystem angeschlossen ist). **Aber Achtung:** Mit der telefonischen Sperrung sind die Bezahlkarten zwar für die Bezahlung/Geldabhebung mit der PIN gesperrt, nicht jedoch für das **Lastschriftverfahren mit Unterschrift.** Man sollte daher auf jeden Fall den Verlust zusätzlich **bei der Polizei zur Anzeige bringen,** um gegebenenfalls auftretende Ansprüche zurückweisen zu können.

In **Österreich** und der **Schweiz** gibt es keine zentrale Sperrnummer, daher sollten sich Besitzer von in diesen Ländern ausgestellten Debit- oder Kreditkarten vor der Abreise bei ihrem Kreditinstitut über den zuständigen Sperrnotruf informieren.

Generell sollte man sich immer die **wichtigsten Daten** wie Kartennummer und Ausstellungsdatum **separat notieren,** da diese unter Umständen abgefragt werden.

- **Deutscher Sperrnotruf:** Tel. 0049 116116 oder Tel. 0049 3040504050
- **Weitere Infos:** www.kartensicherheit.de, www.sperr-notruf.de

Öffnungszeiten

Die meisten Geschäfte in Italien machen eine längere Mittagspause. Die **Kernöffnungszeiten** sind daher Mo bis Sa von 9 bis 12.30 und 15.30 bis 19.30 Uhr. Banken sind von Mo bis Fr zwischen 8.30 und 13.30 Uhr geöffnet, nur manchmal auch am Nachmittag. In Bologna haben einige **Geschäfte im Zentrum** auch sonntags geöffnet. **Einkaufszentren** machen meist keine Mittagspause und haben abends oft bis 22 Uhr geöffnet. **Museen** bleiben i. d. R. montags geschlossen, ebenso wie viele **Restaurants.**

Die Einheimischen sind meist mit einfachen Drahteseln unterwegs

Post

Die italienische Post (**Poste Italiane**) hat nicht den besten Ruf, wenn es um die Beförderung von Urlaubspost geht: Oft kommen Postkarten und Briefe ins Ausland mit Verspätung oder gar nicht an. Wer auf Nummer sicher gehen will, muss mehr zahlen: Das **Porto** für einen Brief oder eine Postkarte ins Ausland kostet im **Normaltarif** *(Postamail Internazionale)* 1,25 €, mit **erster Klasse** *(Postapriority Internazionale)* 3,50 €. Die **Briefkästen** sind in Italien rot.

Briefmarken (*francobolli*) erhält man auch im Tabacchi-Geschäft bzw. an manchen Kiosken, die Postkarten verkaufen. Achtung: Im Tabacchi-Laden sollte man vermeiden, sogenannte GPS-Marken zu kaufen. Diese kosten mehr und werden von der italienischen Post nicht befördert.

Italiener nutzen die Postfilialen hauptsächlich zum Bezahlen von Rechnungen und für die Postbank.

✉**160** [E5] **Hauptpost,** Palazzo De'Toschi, Piazza Minghetti 4, Tel. 0512756736, www.poste.it, geöffnet: Mo–Fr 8.20–19.05, Sa 8.20–12.35 Uhr

Radfahren

Bologna ist ideal für Radfahrer. Gleiches gilt auch für andere Orte in der flachen Po-Ebene und natürlich die verkehrsberuhigten Innenstädte von Ferrara (s. S. 46) und Ravenna (s. S. 54). Die meisten Fahrräder, mit denen die Einheimischen hier unterwegs sind, sind **einfache Drahtesel,** auch beim Fahrradverleih sollte man daher nicht unbedingt Luxusräder erwarten. Das Fahrrad ist eher ein Mittel zum Zweck als ein Liebhaberstück und wird vom Student ebenso wie von der Oma genutzt. Der Radverkehr in den **verkehrsberuhigten Zonen** ist nicht wirklich geregelt: Radfahrer fahren einfach überall dort, wo sie hingelangen. Dies sollte man beim Bummeln als Fußgänger beachten.

› **VeloBÒ.** Die App gibt Infos über Fahrradwege in Bologna (s. S. 114).

Fahrradverleih

•**161** [E2] **BIKEinBO,** Via dell'Indipendenza 69, Tel. 3470017996, www.touremilia romagna.it, geöffnet: tgl. 9.30–18 Uhr, Leihgebühr 12 Std. 13 €, 24 Std. 15 €.

058bo-nh

Es werden auch Radtouren angeboten (Stadtrundfahrt, 2 Std., 38 €, thematische Touren 45–65 €).

•162 **Tommy Bici,** Via Azzurra 36/b, Tel. 051341218, www.tommybici.com, Mo–Fr 9–12.30, 16–19, Sa 9–12 Uhr. Fahrradladen und Reparaturstation, spezialisiert auf E-Bikes.

•163 [E4] **Travelhoo,** Via Caduti die Cefalonia 4b, Tel. 0516569651, www.travelhoo.it. Hier kann man verschiedene Fahrradmodelle (1 Std. ab 3 €), aber auch Vespas ausleihen (4 Std. 50 €).

Sicherheit

Im Innenstadtbereich von Bologna braucht sich niemand bedroht zu fühlen. Im Stadtgewühl stellen **Taschendiebe** wohl die größte Gefahr dar. Man sollte die üblichen Sicherheitsvorkehrungen beachten und Kopien von wichtigen Dokumenten machen. Diebstähle sollten bei der Polizei angezeigt werden (s. S. 118)

In der Nähe des Bahnhofs und auf größeren Parkplätzen tauchen oft **Bettler oder Bauchladenverkäufer** auf, die zu **organisierten Banden** gehören und recht aufdringlich werden können. Am besten lässt man sich hier auf keine Diskussionen ein, besonders wenn man mit mehreren Personen konfrontiert ist. Im Zweifelsfall ruft man die Carabinieri.

Es ist wichtig, **keine Wertgegenstände im Auto zu lassen.** Leider sind Autos (bzw. Wohnmobile) mit fremden Kennzeichen begehrte Einbruchsobjekte, daher sollte man nur auf gesicherten bzw. überwachten Parkplätzen parken.

Der **Drogenkonsum** ist in Bologna vor allem unter Jugendlichen und unter den Studenten verbreitet. Innerhalb der Stadtgrenzen wird der Konsum von Cannabis in kleinen Mengen mehr oder weniger auch von der Polizei toleriert.

Größere kriminelle Verstöße werden allerdings streng geahndet, denn wer sich mit Drogenhändlern einlässt, wird mitschuldig am organisierten Verbrechen der Cosa Nostra, die den Drogenhandel in der Stadt kontrolliert.

Sprache

Bologna ist bisher von Touristenströmen verschont geblieben, was viele Vorteile hat. Einer der Nachteile ist allerdings, dass in den gastronomischen und kulturellen Einrichtungen oft nur **Italienisch** gesprochen wird und z. B. auch Speisekarten nicht in anderen Sprachen zu erhalten sind. Gleiches gilt für Informationsseiten im Internet, die nur selten einen englischen Text aufweisen und dann auch nur in verkürzter Form. Deutschsprachige Übersetzungen findet man so gut wie gar nicht.

In **Hotels** spricht das Personal teils gut und teils gebrochen **Englisch** oder auch **Deutsch.** Es stehen nicht immer fremdsprachige Fernsehsender zur Verfügung.

Stadttouren

Über die Touristeninformation (www.bolognawelcome.com/en/experiences) kann man eine Reihe von **geführten Touren** innerhalb und außerhalb der Stadtgrenzen buchen, vom einfachen Stadtrundgang bis zu thematischen Touren wie einem kulinarischen Rundgang oder einer Vespa-Tour in die Apennin-Hügel. Wer die Bologna Welcome Card Plus

(s. S. 113) für 40 € kauft, erhält eine kostenfreie Stadtrundfahrt mit dem City Red Bus oder dem San Luca Express (s. rechts).

Es gibt auch private Touranbieter, die aber teilweise recht teuer sind.

- **Succede solo a Bologna APS,** Tel. 0512840436, www.succedesoloabologna.it/associazione-succede-solo-bologna/home-en. Von der karitativen Organisation werden ausgefallene Touren mit bestimmten Themen wie „Esoterisches Bologna" und Touren zu außergewöhnlichen Orten wie etwa der Zisterne Valverde angeboten. Oft sind die Touren sogar kostenlos.
- **Taste Bologna,** Via Filippo Turati 106, 40134 Bologna, Tel. 3489346282, www.tastebologna.net. Kulinarische Wanderung durch die Stadt.
- **Tours by Locals,** www.toursbylocals.com/Bologna-Tours. Unter anderem eine zweistündige Tour mit erfahrenem Reiseleiter, ca. 100 €.
- **UNESCO Porticoes Walking Tour,** www.bolognawelcome.com/en/experiences/311665/UNESCO-Porticoes-Walking-Tour. Tour zu den zwölf Portici, die ins UNESCO-Welterbe aufgenommen wurden. Buchbar in der Touristeninformation.

Stadtrundfahrten veranstaltet der **City Red Bus,** der von der Ostseite der Piazza Maggiore 1 losfährt. Die Rundfahrten in diesem Hop-on-hop-off-Bus sind in der Bologna Welcome Card eingeschlossen. Es werden zwei verschiedene Routen angeboten und es gibt auch eine abendliche Rundfahrt. Der **San Luca Express** ist ein kleines Bähnchen, das eine kurze Stadtrundfahrt durch den Westen Bolognas mit der Fahrt hinauf zum Santuario di Madonna di San Luca 29 kombiniert. Inzwischen gibt es weitere Bähnchen, die andere Routen durch die Stadt fahren. **Audioguides** für Rundfahrten sind meist **in deutscher Sprache** erhältlich.

- **City Red Bus,** https://cityredbus.com/en/orari, City Tour tgl., im Sommer etwa halbstündlich, im Winter stündlich, Erw. 16 €, erm. 8 € (6–10 Jahre, Behinderte), Kinder bis 5 Jahre 3 €
- **San Luca Express,** https://cityredbus.com/en/shop/biglietti-san-luca-express, Basilica di San Luca Tour tgl., im Sommer etwa halbstündlich, im Winter stündlich, Erw. 12 €, erm. 6 € (6–10 Jahre, Behinderte), Kinder bis 5 Jahre 3 €
- **Kombiticket** für beide Touren: Erw. 23 €, erm. 10 € (gültig für 10 Tage)

Telefonieren

Die **Landesvorwahl** von Italien ist 0039. Innerhalb Italiens ist die jeweilige **„Ortsvorwahl"** (für Bologna 051) inkl. der einleitenden 0 Teil der regulären Telefonnummer und **muss immer mitgewählt werden.** Dies gilt auch für Anrufe aus dem Ausland. Italienische Handynummern beginnen mit einer 3 (ohne 0).

In der EU gibt es keine **Roaminggebühren** mehr. Damit ist das Telefonieren und Surfen mit dem Handy im EU-Ausland so günstig wie zu Hause – es sei denn, man nutzt das Handy im Ausland über einen längeren Zeitraum hinweg, dann können je nach Anbieter Nutzungsobergrenzen gelten.

Vorwahlen

- **Italien:** 0039
- **Deutschland:** 0049
- **Österreich:** 0043
- **Schweiz:** 0041

Unterkunft

Preiswerte Unterkünfte sind in der Messestadt Bologna eher dünn gesät. Leider überschneiden sich die **Hauptmessezeiten** März bis Mai und September bis Dezember auch für viele Reisende mit den Feriendaten. In dieser Zeit erhöhen sich die Preise für fast alle Unterkünfte.

Man sollte sich nicht ausschließlich auf Buchungsseiten verlassen, denn viele gute und preiswerte Alternativen tauchen dort erst gar nicht auf. Auf der Website der Touristeninformation Bologna Welcome (s. S. 114) findet man eine gute Auswahl an preiswerteren Unterkünften wie **B&Bs** und kleinere **Hotels**, die man auch gleich online buchen kann. Für jede Hotelübernachtung fällt je nach Unterkunft pro Person eine **Kurtaxe** zwischen 3 und 5 € an.

Generell sollte man beachten, dass das **italienische Sternesystem** von dem anderer europäischer Länder abweicht bzw. nicht sehr streng geregelt ist. So müssen z. B. Privatbäder erst ab vier Sternen automatisch zur Verfügung gestellt werden. Obwohl Ausstattung, Komfort und Service individuell variieren, kann man bei weniger als drei Sternen in der Regel nur noch eine sehr einfache Unterbringung erwarten.

Da die Italiener heiße Sommer gewohnt sind, werden oft nur sehr dünne **Bettdecken** bzw. sogar nur Laken mit einer Wolldecke angeboten. Schon im Oktober wird die Heizung voll aufgedreht, im Sommer muss man stattdessen mit recht kalten **Klimaanlagen** rechnen.

Wer früh genug bucht, kann durchaus **Spartarife** ergattern. Außerhalb der Stadt, in der Nähe des Messegeländes Bologna Fiera, gibt es einige Businesshotels, die vor allem im Juli und August preiswerte Wochenend- oder Wochentarife anbieten. Allerdings sollte man hier unbedingt einen fahrbaren Untersatz haben, denn diese Hotels liegen weit vom Stadtkern entfernt und sind entweder gar nicht oder nur schlecht mit öffentlichen Verkehrsmitteln zu erreichen. Zudem gehört das Viertel nordöstlich der Messe (z. B. Viale Europa) zum Rotlichtbezirk der Stadt und hier möchte man dann vielleicht auch nicht unbedingt abends herumlaufen oder auf den Bus warten.

Ferienwohnungen bieten eine gute, preiswertere Alternative zu Hotels und hiervon gibt es in Bologna eine große Auswahl – auch in Fußnähe zur Innenstadt.

Wer mit dem Auto reist, sollte jedoch immer darauf achten, dass sichere **Parkmöglichkeiten** angebo-

Buchungsportale

Neben Buchungsportalen für **Hotels** (z. B. www.booking.com, www.hrs.de oder www.trivago.de) bzw. für **Hostels** (z. B. www.hostelworld.com) gibt es auch Anbieter, bei denen man **Privatunterkünfte** buchen kann. Portale wie www.airbnb.de, www.wimdu.de oder www.9flats.com vermitteln Wohnungen, Zimmer oder auch nur einen Schlafplatz auf einer Couch. Diese oft recht günstigen Übernachtungsmöglichkeiten sind nicht unumstritten, weil manchmal normale Wohnungen gewerblich missbraucht werden. Einige Städte greifen deshalb regulierend ein.

Trinkwasser

Das Leitungswasser in Bologna kann man in Hotels und Privatunterkünften unbedenklich trinken.

ten werden. Zum einen gibt es kaum Parkplätze in der Innenstadt, auf denen man 24 Std. parken kann, zum anderen darf man ohne Sondergenehmigung nicht in die verkehrsberuhigte Zone fahren. Es ist daher sinnvoll, das Auto beim Hotel geparkt zu lassen, um unnötige Strafzettel zu vermeiden.

Im Umland von Bologna gibt es den in Italien weit verbreiteten **Agriturismo**, das heißt Ferien auf dem Land, in einer Ferienwohnung oder einem Ferienhaus. Die Unterkünfte werden von staatlich geförderten landwirtschaftlichen Betrieben zur Verfügung gestellt und bieten variablen Komfort. Da die Unterkünfte jedoch weit abseits liegen, wird oft auch Halb- oder Vollpension angeboten.

Nordöstlich der Autobahn A14 liegt der einzige **Campingplatz** Bolognas mit Stellplätzen und Chalets von sehr einfachem Komfort. Die nur 60 km entfernt liegende Adriaküste ist zwar mit Campingplätzen und Hotels übersät, man muss aber für die Sommerferien schon lange im Voraus buchen, da im August auch die Italiener ihr Domizil ans Meer verlegen. Wer nicht zur Hauptsaison reist, sollte beachten, dass fast alle Campingplätze und die meisten Hotels an der Küste nach Saisonende von Oktober bis April den Betrieb einstellen und erst zu Saisonbeginn wieder eröffnen.

Preiskategorien

€	bis 100 €
€€	100–150 €
€€€	ab 150 €

Die Preise verstehen sich für ein DZ mit Frühstück (falls nicht anders angegeben), aber zuzüglich Kurtaxe und Parkkosten.

Einige nützliche **Websites** für die Unterkunftssuche sind:

- www.bolognawelcome.com/en/home/find-book/accommodation
- www.emiliaromagnaturismo.it
- www.ferienwohnung-italien.de, www.ferienwohnung.de, www.fewo-direkt.de
- www.bed-and-breakfast.it

Ausgefallene Unterkünfte

164 Antico Podere San Luca €-€€, Via di Monte Albano 16, Tel. 03496045634, www.anticopoderesanluca.it/en. **Im Grünen:** Im Osten des Parco della Chiusa (s. S. 89) finden sich diese stilvoll eingerichteten Ferienwohnungen in einer kleinen romantischen Villa. Hier wohnt man abseits vom Stadtlärm und ganz nah am Radweg entlang des Reno. Man kann entweder nur die Wohnung buchen (ab 4 Nächte) oder das B&B mit Frühstücksservice (ab 2 Nächte).

165 Casa Fluò Relais €€€, Via Paderno 9, Tel. 051589484, www.casafluo.it/en. **Kulturprogramm eingeschlossen:** Agriturismo in einem sehr individuellen kleinen Hotel auf den grünen Hügeln der Bologneser Apenninen. Angegliedert ist das Restaurant Fienile Fluò. Hier finden im Sommer auch Theatervorstellungen statt.

166 [E3] **Residenza San Martino** €-€€, Chiesa di San Martino, Via Oberdan 25, Tel. 051239443, http://residenza-sanmartino.bolognaitalyhotels.com/en. **Im Kloster:** Dieses B&B ist in einem Karmeliterorden untergebracht. Die Zimmer sind einfach, bieten aber für die zentrale Lage und das historische Ambiente gleich neben der Chiesa di San Martino ein sehr gutes Preis-Leistungs-Verhältnis. Parkplatz im Kloster.

167 [E4] **Torre Prendiparte** €€€, Piazzetta Prendiparte 5, Tel. Tel. 3355616858 (Matteo Giovanardi), www.prendiparte.it,

059bo-nh

Preise auf Anfrage (ca. 250 € pro Nacht). **Hoch oben:** Zu den Turmgemächern führen etliche Stufen. Es gibt sowohl einzelne Zimmer als auch eine Ferienwohnung mit Balkon.

Drei- bis Viersternehotels

168 [D2] **Albergo Atlantic** €€-€€€, Via Galliera 46, Tel. 051248488, www.hotelatlanticbologna.it, **Geheimnisvoll:** In dem Stadthaus mit modernen, kleinen Zimmern war einst ein Nonnenkloster untergebracht. Zentral, aber ruhig gelegen.

169 [E5] **Albergo delle Drapperie** €€€, Via Drapperie 5, Tel. 051223955, www.albergodrapperie.com. **Haustierfreundlich:** Mitten im Quadrilatero (in der ZTL-Zone) bietet dieses kleine Hotel guten Komfort und man kann seinen Vierbeiner mitbringen. Parkmöglichkeit nahebei, das Hotel hat einen Lift.

170 [C2] **Astoria Hotel** €€, Via Fratelli Rosselli 14, Tel. 051521410, www.astoria.bo.it/en. **Museums- und Parkanschluss:** Das Dreisternehotel Astoria in der Nähe des MAMbo (s. S. 23) und seiner Parks bietet Zimmer und Ferienwohnungen in verschiedenen Preislagen an.

171 [D7] **B&B Casa Miramonte** €, Pallazo Trevi, Via Miramonte 11, www.casamiramonte.it. **Charmant:** Boutiquehotel in einer Villa. Parkplatz nahebei.

172 [E4] **Hotel Corona D'Oro** €€€, Via Guglielmo Oberdan 12, www.hco.it/en, Tel. 0517457611. **Moderne Eleganz:** schickes Viersternehotel, teils im Stil des Art déco eingerichtet. Zentral gelegen. Das Frühstück im angegliederten Restaurant Casa Azzoguidi ist üppig, aber nicht preiswert. Am besten bucht man nur das Zimmer bzw. eines der vielen preiswerteren Angebote *(Promozioni)*.

173 [F4] **Hotel San Donato** €€, Via Zamboni 16, Tel. 051235395, www.hotelsandonato.it/en/home-page.aspx. **Sauber und einfach:** Hotel der Kette Best Western mitten im Studentenviertel.

174 [F7] **Il Convento dei Fiori di Seta** €€€, Via Orfeo 34, Tel. 051221697, www.ilconventodeifioridiseta.it. **Im alten Kloster:** kleines, modernes Viersternehotel im ehemaligen Kloster Fiori di Seta, in dem früher Seidenraupen gezüchtet wurden. Ganz in der Nähe der Giardini Margherita 27 und der Via Santo Stefano.

175 [E2] **I Portici** €€€, Via dell'Indipendenza 69, Tel. 05142185, www.iporticihotel.com. **Frühstück umsonst:** modernes Viersternehotel, in dem sich außerdem das einzige Restaurant Bolognas mit Michelin-Stern befindet. Mit Parkplatz. Wer direkt über die Website des Hotels bucht, erhält ein Frühstück umsonst.

176 [D2] **Nuovo Hotel del Porto** €€€, Via del Porto 6, Tel. 051247926, www.nuovohoteldelporto.com. **Gutes Frühstücksbüfett:** angenehmes kleines Dreisternehotel mit ausreichendem Komfort in Fußnähe zur Innenstadt. Mit Parkplatz.

B&Bs und Ferienwohnungen

•177 [F6] **B&B Isabella** €€, Via della Braina 6, Tel. 051233053. **Mit Garten:** Ferienapartments mit Kochgelegenheit, Waschmaschine etc. Kinder unter vier Jahren frei.

178 [C7] **B&B Margherita** €€, Mura di Porta d'Azeglio 5, Süden, Tel. 3333939951, http://bebmargherita.altervista.org. **Freundlich:** Die Zimmer sind hübsch, aber das italienische Frühstück aus verpackten Keksen und *dolci* ist eher mager.

179 [D4] **B&B Parigi** €, Via Parigi 4, Tel. 3484580970, www.bebparigi.it. **Modern und gut ausgestattet:** elegante Zimmer mit Parkettboden, Kaffeemaschine, Wasserkocher und Kühlschrank.

180 [F7] **B&B Rizzoli** €, Piazza di Porta Castiglione 14 (beim Istituto Ortopedico Rizzoli), www.bebrizzoli.com, Tel. 3491909773. **Zweckmäßig:** einfache Pension mit italienischem Frühstück.

181 [C5] **Bologna nel Cuore** €€-€€€, Via Cesare Battisti 29, Tel. 051269442, www.bolognanelcuore.net. **Historisch:** In diesem alten Palazzo gibt es Zimmer und Ferienwohnungen. Mit Parkplatz.

182 [D5] **La Colombina** €€, Vicolo Colombina 2, Tel. 3394886489, www.bblacolombina.it. **Altstadtcharme:** eine propere, kleine Ferienwohnung und ein Ferienzimmer in charmanter Altstadtumgebung. Dritter Stock, kein Lift. Klimaanlage und externe Balkonterrasse zum Innenhof. Kein Frühstück.

183 [G6] **San Petronio Vecchio** €-€€, Via San Petronio Vecchio 33, Tel. 3486602331, www.sanpetroniovecchio.it. **Zentral und modern:** im Zentrum gelegenes B&B im ersten Stock eines Wohnhauses mit Parkplatz, kein Lift.

184 [G6] **Santo Stefano** €€, Via Santo Stefano 84, Tel. 051308458, www.bedandbreakfastsantostefano.com. **Empfehlenswert:** schön eingerichtete, sehr saubere moderne Pension nahe den Giardini Margherita. Reichhaltiges Frühstück. In der verkehrsberuhigten Zone (ZTL) – Parkplatz nahebei.

Hostels und Studentenwohnheime

185 [D4] **Albergo Centrale** €, Via della Zecca 2, www.albergocentralebologna.it, Tel. 0510063937. **Zentral gelegen:** nur 300 m von der Piazza Maggiore 1. EZ, DZ und behindertengerechte Räume, sehr einfacher Standard.

186 **Camplus Guest Bononia** €€, Via Sante Vicenzi 49, Tel. 0510393400, www.camplusguest.it/bologna/en. **Bestes Preis-Leistungs-Verhältnis:** Das Studentenwohnheim bietet ganzjährig zu günstigen Preisen einfache, aber modern eingerichtete Appartements an, auch für Familien (DZ 450 €/Monat). Parkplatz 5 € pro Tag. Daneben gibt es auch eine Zimmervermietung.

187 [F3] **Dopa Hostel** €, Via Irnerio 41, Tel. 0510952461, www.dopahostel.com. **Zweckmäßig und modern:** EZ, DZ, Drei- und Sechsbettzimmer.

Komfort auf kleinstem Raum bietet die Albergo Atlantic

Camping

⚠188 Centro Turistico Città di Bologna €, Via Romita 12/4a, Tel. 051325016, www.hotelcamping.com, ganzjährig. Anbindung: Der Bus Nr. 68 fährt von 9 bis 21 Uhr alle zwei Stunden bis zum Bahnhof in Bologna. Es werden Wiesenplätze und schattige Stellplätze angeboten. Zudem kann man kleine Bungalows und Chalets mieten. Der Platz wird geführt vom Club del Sole, der entlang der Adria zahlreiche beliebte Campingplätze betreibt. Mit Swimmingpool.

Verhaltenstipps

Eine freundliche **Begrüßung** ist in Italien gern gesehen. Dabei hält man sich an die förmlichere Variante **„Buon giorno“** („Guten Tag“) oder **„Buona sera“** („Guten Abend“). Ein saloppes **„Ciao“** benutzt man nur bei jungen Leuten oder Freunden und Bekannten. Die höflichen Umgangsformen der Italiener sollte man erwidern, indem man die wichtigsten Formeln, wie **„Per favore“** („Bitte“) oder **„Grazie“** („Danke“) lernt.

Wer sich in einem **Restaurant** niederlässt, von dem erwartet man, dass er mindestens einen Hauptgang *(Secondo)* und eine Beilage *(Contorno)* oder zumindest eine Vorspeise *(Primo)* wie einen Salat sowie ein bis zwei Getränke konsumiert. Man darf sich nicht wundern, wenn der Kellner unmutig reagiert, wenn man lediglich eine Pizza und sonst gar nichts bestellt.

Norditaliener legen im Allgemeinen Wert auf gute **Kleidung** und werden nicht im Unterhemd oder mit nacktem Oberkörper in einer Gaststätte einkehren. Gleiches erwartet man auch von Touristen. Badebekleidung wird innerhalb von italienischen Städten nirgendwo gern auf der Straße gesehen – auch nicht in einer Studentenstadt wie Bologna. Selbst an Badestränden wird „oben ohne“ meist nicht gern gesehen. Obwohl dies nicht kontrolliert wird, kann es passieren, dass man an einem Strand voller Einheimischer, an dem auch Kinder herumtollen, empörte Blicke erntet. Viele Italiener sind religiöse Menschen und man sollte daher auch bei Kirchenbesichtigungen nicht zu freizügig gekleidet daherkommen.

Die Italiener sind für ihre hitzige Art beim **Autofahren** bekannt. Es wird oft gehupt, wenn es nicht schnell genug geht. Als Ausländer sollte man hier tief Luft holen und gelassen reagieren. Auf keinen Fall sollte man sich auf einen Streit einlassen, denn dabei zieht man den Kürzeren.

Verkehrsmittel

Bus

Den Stadtverkehr regelt **TPER** (Trasporto Passeggeri Emilia-Romagna). Das Hauptverkehrsmittel innerhalb der Stadt Bologna sind **Stadtbusse**, die den gesamten Stadtbezirk und die Randbezirke abdecken. Freitags und samstags fahren auch Nachtbusse. Ein **Einzelticket** *(biglietto orario)* ist für 75 Min. inklusive Umsteigen gültig und kostet 1,50 €. Ein **Tagesticket** *(giornaliero)* kostet 6 € und ein **Citypass** (10 Fahrten) 14 €. Tickets *(biglietti)* erhält man an den Automaten im Bahnhof, im Tabacchi-Geschäft, an Kiosken, über die Website oder über die App Muver (s. S. 114). Die Tickets müssen beim Einstieg in den Bus an einem Automaten **entwertet werden.** In der **Bologna Wel-**

060bo-nh

come Card (s. S. 113) sind Busfahrten eingeschlossen.

Busse fahren Haltestellen an, die mit den Busnummern markiert sind. **Zentrale Haltestellen** finden sich z. B. am Bahnhof und an der Porta Galliera [E1] bzw. an der Piazza Maggiore ❶ (Via Ugo Bassi).

Busfahrpläne kann man auf der Website des **TPER** herunterladen. Wer Schwierigkeiten hat, sich durch die Onlinepläne zu wühlen, kann sich in der Touristeninformation (s. S. 114) eine Route ausarbeiten lassen. Hilfreich sind auch die Linienpläne, die man ebenfalls auf der Website des TPER herunterladen kann.

- •**189** [C4] **TPER,** Via Marconi 4, Ecke Via Lame, Tel. 051290290, www.tper.it, Mo–Sa 7–19, So, Fei 13–19 Uhr. Ein weiteres Büro findet man im Busbahnhof an der Piazza XX Settembre. Busnetzplan, Fahrpläne und Tickets unter: www.tper.it.
- › **WeBus,** http://webus.bo.it. Interaktive Seite mit Informationen über Busse in der Stadt inklusive Fahrpläne, Haltestellen und Verspätungen.

Bahn

Der **Hauptbahnhof von Bologna** (Bologna Centrale) ist ein wichtiger Verbindungsbahnhof zwischen Nord- und Süditalien und befindet sich am Nordende der Via dell'Indipendenza an der Piazza delle Medaglie d'Oro. Außer ihm gibt es weitere Stationen, die das Metropolgebiet abdecken.

Auf dem S-Bahn-ähnlichen Streckennetz **SFM** gelangt man vom Bologna Centrale in die Orte der Metropolregion und andere Städte der Emilia-Romagna wie Ferrara, Imola und Modena. Über das regionale Netz **FER** erreicht man vom Hauptbahnhof aus ebenfalls viele Orte, darunter auch Ferrara und Ravenna. Auskunft und Ticketverkauf erfolgt am Bahnhof oder über die Website der Bahn.

- •**190** [D1] **Bologna Centrale,** Piazza delle Medaglie d'Oro 1, www.rfi.it/it/stazioni/bologna-centrale.html

⌃ *Viele Buslinien fahren von der Piazza Maggiore ❶ ab*

- **Trenitalia,** www.trenitalia.com/en.html. Offizielle Website der Bahn mit allen nationalen und internationalen Verbindungen und Preisen.
- **FER,** Ferrovie Emilia-Romagna, https://mobilita.regione.emilia-romagna.it/ferrovie/doc/orari-e-tariffe/le-tariffe-ferroviarie
- **SFM,** Servizio Ferroviario Metropolitano di Bologna, www.sfmbo.it (hier gibt es auch ein PDF des Netzplans)

Taxis

In Bologna sind Taxikosten per Verordnung festgelegt: Starttarif 3,40 € (Wochenende 5,30 €, nachts 6,10 €), danach 1,50 € pro km.

- **C.A.T. Consorzio Autonomo Taxisti,** Tel. 0514590, http://taxibologna.it. Hier kann man ein Taxi auch per SMS bestellen (Tel. 3333330749).
- **COTABO,** Tel. 051372727, www.cotabo.it. Bei der Firma kann man Taxis auch online oder über die App TaxiClick (s. S. 114) bestellen.

Wetter und Reisezeit

Bologna hat ein **gemäßigtes, warmes Klima** und ist ein **ganzjähriges Reiseziel.** Die **beste Reisezeit** ist von April bis September. Schon im April steigt das Thermometer teilweise bis über 25 °C und selbst im Oktober sind Temperaturen um 20 °C keine Seltenheit. Der kälteste Monat ist der Januar, wenn die Temperaturen auf bis zu 0 °C absinken.

Es herrscht relativ **hohe Luftfeuchtigkeit** und in den Wintermonaten von November bis Februar muss man mit regelmäßigen Niederschlägen rechnen, d. h. mehr als acht Regentage pro Monat. Die trockensten Monate sind Juli und August, wenn die Temperaturen am Tag über 40 °C steigen können. Nachts kühlt es dann bis auf höchstens 20 °C ab.

Im heißesten Monat **August** beginnt für die meisten Italiener eine vierwöchige **Sommerpause.** Nicht nur die Studenten verlassen dann die Stadt, auch Geschäfte werden geschlossen und man fährt ans Meer. Für Daheimgebliebene und Urlauber werden in dieser Zeit viele **Sommerveranstaltungen** in der Stadt angeboten. Auch in den trockenen Monaten muss man mit ca. fünf Regentagen pro Monat rechnen.

Im Spätherbst begünstigt das im Po-Delta vorherrschende feuchte Klima beim Zusammentreffen von warmer und kalter Luft dichte, tief hängende **Nebelschwaden,** von denen besonders Ferrara, aber auch das Stadtgebiet von Bologna betroffen sein können.

Durchschnitt	Wetter in Bologna											
Maximale Temperatur	5°	8°	14°	18°	23°	27°	30°	29°	26°	20°	11°	7°
Minimale Temperatur	−2°	1°	4°	8°	12°	16°	18°	18°	15°	10°	4°	0°
Regentage	7	6	8	7	8	7	5	6	5	7	8	7
	Jan	Febr	März	Apr	Mai	Juni	Juli	Aug	Sept	Okt	Nov	Dez

ANHANG

071bo-nh

Kleine Sprachhilfe Italienisch

Die Sprachhilfe entstammt den Kauderwelsch-Sprachführern **„Italienisch – Wort für Wort“** und **„Italienisch kulinarisch“** aus dem Reise Know-How Verlag.

Aussprache

Hier sind diejenigen Buchstaben(kombinationen) aufgeführt, deren Aussprache abweichend vom Deutschen ist bzw. sein kann.

ie, ai, eu	Doppellaute werden immer getrennt ausgesprochen, also „i-e“, „a-i“, „e-u“.
c	wie „k“ vor den Selbstlauten a, o, u; wie „tsch“ in „Matsch“ vor den Selbstlauten e, i
ch	wie „k“
g	wie „g“ vor den Selbstlauten a, o, u; wie „dsch“ in „Dschungel“ vor den Selbstlauten e, i
gh	wie „g“
gli	wie „lj“
gn	wie „nj“ in „Tanja“
h	stumm, wird nicht gesprochen
r	gerolltes Zungenspitzen-r
s	am Wortanfang immer stimmloses „s“ wie in „Bus“; in der Wortmitte zwischen Selbstlauten stimmhaftes „s“ wie in „Rose“
st	spitzes „st“ wie in „Hast“
v	wie „v“ in „Vase“
z	stimmhaftes „ds“ wie in „Rundsaal“

Zahlen

0	*zero*	16	*sedici*	50	*cinquanta*
1	*uno*	17	*diciassette*	60	*sessanta*
2	*due*	18	*diciotto*	70	*settanta*
3	*tre*	19	*diciannove*	80	*ottanta*
4	*quattro*	20	*venti*	90	*novanta*
5	*cinque*	21	*ventuno*	100	*cento*
6	*sei*	22	*ventidue*	200	*duecento*
7	*sette*	23	*ventitré*	300	*trecento*
8	*otto*	24	*ventiquattro*	400	*quattrocento*
9	*nove*	25	*venticinque*	500	*cinquecento*
10	*dieci*	26	*ventisei*	600	*seicento*
11	*undici*	27	*ventisette*	700	*settecento*
12	*dodici*	28	*ventotto*	800	*ottocento*
13	*tredici*	29	*ventinove*	900	*novecento*
14	*quattordici*	30	*trenta*	1000	*mille*
15	*quindici*	40	*quaranta*	2000	*duemila*

Die wichtigsten Richtungsangaben

(a) sinistra	(nach) links	*indietro*	zurück
(a) destra	(nach) rechts	*vicino*	nah
diritto	geradeaus	*lontano*	weit

qui, qua	hier	*tornare*	zurückgehen
lì, là	dort	*all'angolo*	an der Ecke
accanto	nebenan	*all'incrocio*	an der Kreuzung
di fronte	gegenüber	*al semaforo*	an der Ampel
davanti	vor, vorne	*in centro*	im Zentrum
svoltare	abbiegen	*fuori città*	außerhalb der Stadt

Die wichtigsten Fragewörter

chi?	wer?	*quando?*	wann?
che (cosa)?	was?	*perchè?*	warum?
come?	wie?	*quanto?*	wie viel?
dove?	wo(hin)?	*quanti/-e?*	wie viele?
di/da dove?	woher?	*quale?*	welche(r)?

Die wichtigsten Zeitangaben

oggi	heute	*a mezzogiorno*	mittags
domani	morgen	*di pomeriggio*	nachmittags
ieri	gestern	*di sera*	abends
adesso, ora	jetzt	*di notte*	nachts
subito	sofort	*lunedì*	Montag
sempre	immer	*martedì*	Dienstag
mai	nie	*mercoledì*	Mittwoch
ancora	schon	*giovedì*	Donnerstag
prima	vorher	*venerdì*	Freitag
dopo	nachher	*sabato*	Samstag
di mattina	morgens	*domenica*	Sonntag

Die wichtigsten Fragen

Gibt es ...?	*C'è ...?*
Ich brauche ...	*Ho bisogno di ...*
Ich möchte / Ich will ...	*Vorrei ... / Voglio ...*
Geben Sie mir bitte ...	*Mi dia ..., per favore.*
Wo kann man ... kaufen?	*Dove si può comprare ...?*
Wie viel kostet ...?	*Quanto costa / viene ...?*
Wie viel kostet das?	*Quanto costa?*
Was ist das?	*Che cosa è questo?*
Wo ist / befindet sich ...?	*Dov'è ...?*
Ich möchte nach ... fahren.	*Vorrei andare a ...*
Wie komme ich nach ...?	*Come faccio ad andare a ...?*
Wie viel kostet die Fahrt nach ...?	*Quanto costa il viaggio per ...?*
Ist das der Zug nach ...?	*È questo il treno per ...?*
Wann fährt der Bus nach ... ab?	*A che ora parte l'autobus per ...?*
Bringen Sie mich bitte zu / nach ... (im Taxi)	*Mi porti a ..., per favore.*

Die wichtigsten Floskeln und Redewendungen

ja - nein	*sì - no*
bitte (um etw. bitten)	*per favore*
Bitteschön! (anbieten)	*Prego!*
(Vielen) Dank!	*Grazie (tanto)!*
Keine Ursache!	*Di niente! / Non c'è di che!*
Guten Morgen / Tag!	*Buongiorno!*
Guten Abend!	*Buona sera!*
Herzlich willkommen!	*Benvenuto!/Benvenuta!*
Wie geht es dir / Ihnen?	*Come stai / sta?*
(Sehr) gut. - Schlecht.	*(Molto) bene. - Male.*
Auf Wiedersehen! (du/Sie)	*Arrivederci! / Arrivederla!*
Hallo!, Tschüss!	*Ciao!*
Bis später! / Bis morgen!	*A più tardi! / A domani!*
In Ordnung!	*Va bene!, D'accordo!*
Ich weiß (es) nicht.	*Non (lo) so.*
Guten Appetit!	*Buon appetito!*
Zum Wohl!, Prost!	*Salute!, Cin cin!*
Die Rechnung, bitte!	*Il conto, per favore!*
Entschuldige/n Sie!	*Scusa! / Scusi!*
Es tut mir leid!	*Mi dispiace.*
Gestatten!, Darf ich?	*Permesso?*
(Sehr) gern!	*(Molto) volentieri!*
Sag / sagen Sie mir!	*Dimmi! / Mi dica!*
Helfen Sie mir bitte!	*Mi aiuti, per favore!*
Hilfe!	*Aiuto!*

Nichts verstanden? – Weiterlernen!

Ich spreche nicht gut Italienisch.	*Non parlo bene l'italiano.*
Ich möchte Italienisch lernen.	*Vorrei imparare l'italiano.*
Wie bitte?	*Come?*
Was haben Sie gesagt?	*Come ha detto?*
Das habe ich nicht verstanden!	*Non ho capito!*
Sprechen Sie Englisch?	*Parla l'inglese?*
Wie sagt man das auf Italienisch?	*Come si dice in italiano?*
... auf Deutsch	*... in tedesco*
... auf Englisch	*... in inglese*
... auf Französisch	*... in francese*
... auf Niederländisch	*... in olandese*
Wie spricht man dieses Wort aus?	*Come si pronuncia questa parola?*
Wiederholen Sie das bitte!	*Ripeta, per favore!*
Können Sie bitte langsamer sprechen?	*Può parlare più lentamente, per favore?*
Können Sie mir das bitte aufschreiben?	*Me lo può scrivere, per favore?*

Im Restaurant bestellen

Können wir bitte die Speisekarte/ Getränkekarte haben?	*Possiamo avere il menù/la lista delle bevande, per favore?*
Wir möchten bitte bestellen.	*Vorremmo ordinare.*
Was können Sie uns empfehlen?	*Cosa ci consiglia?*
Was ist das Tagesgericht?	*Cos'è il piatto del giorno?*
Was sind die Spezialitäten der Gegend?	*Quali sono le specialità della regione?*
Ich nehme als Vorspeise/ersten Gang/ zweiten Gang ...	*Prendo come antipasto/primo piatto/ secondo piatto ...*
Die Rechnung, bitte.	*Il conto, per favore.*
Stimmt so, danke.	*Va bene così, grazie.*

Die wichtigsten Einkaufsfloskeln

Ich suche ...	*Cerco ...*
Haben Sie ...?	*Ha ...?*
Wo kann ich ... finden?	*Dove posso trovare ...?*
Gibt es hier einen Markt?	*C'è un mercato qui?*
Wo ist der nächste Supermarkt?	*Dov'è il supermercato più vicino?*
Könnten Sie mir bitte helfen?	*Mi potrebbe aiutare, per cortesia?*
Ich hätte gern ...	*Vorrei ...*
Geben Sie mir bitte ...	*Mi dà ..., per favore.*
Wie viel kostet das?	*Quanto costa?*
Wie viel kostet das Kilo?	*Quanto costa al chilo?*
Etwas weniger/mehr, bitte.	*Un po' di meno/più, per favore.*
Danke, das genügt.	*Basta così, grazie.*
Danke, das ist alles.	*Grazie, è tutto.*
Um wie viel Uhr öffnen/schließen Sie?	*A che ora apre/chiude?*

Die wichtigsten Begriffe im Restaurant

menù	Speisekarte	*antipasto*	Vorspeise
primo	erster Gang	*secondo*	zweiter Gang
dessert (m)	Nachspeise	*porzione (w)*	Portion
piatto del giorno	Tagesgericht	*lista delle bevande*	Getränkekarte
piatto	Teller	*tazza*	Tasse
vino	Wein	*birra*	Bier
acqua	Wasser	*pane (m)*	Brot
bottiglia	Flasche	*bicchiere (m)*	Glas
coperto	Gedeck	*posate*	Besteck
forchetta	Gabel	*coltello*	Messer
cucchiaio	Löffel	*minestra*	Suppe
carne (w)	Fleisch	*pesce (m)*	Fisch
frutta	Obst	*verdura*	Gemüse
contorno	Beilage	*insalata*	Salat

Register

A

Abendessen 73
Aeroporto G. Marconi Bologna 110
Altstadt 16
AngelicA – Festival Internazionale di Musica 90
Anreise 110
Antico Porto di Classe 64
Antonioni, Michelangelo 52
Apennin-Gebirge 88, 94
Aperitivo 73, 79
Aposa 94
Apotheke 117
Apps 112, 114
Arbeitslosenquote 103
Archäologisches Museum 29
Archäologisches Nationalmuseum (Ferrara) 50
Archiginnasio 29
Arianismus 62
Arkadengänge 18
ArteFiera 90
Arzt 116
Ausgehen 79
Aussichtspunkte 10
Aussprache 130
Auto, Autofahren 111
Autostazione di Bologna 111

B

Bahn 110, 127
Barrierefreies Reisen 112
Bars 80
Basilica di San Domenico 39
Basilica di San Francesco 23
Basilica di San Francesco (Ravenna) 60
Basilica di San Luca 42
Basilica di San Petronio 20
Basilica di Sant'Apollinare in Classe 65
Basilica di Sant'Apollinare Nuovo 62
Basilica di Santo Stefano 32
Basilica di San Vitale 58
Bassani, Giorgio 49
Bassi, Laura 30
Bassi, Ugo 41
Battistero degli Ariani 61
Battistero Neoniano 63
Behinderte 112
Bentivoglio 97
Biblioteca Salaborsa 20
Bollito Misto 71
Bologna Carnevale 90
Bologna Estate 91
Bologna Festival 33, 90, 91
Bologna Fiera 103
Bologna Jazz Festival 92
Bologna Welcome Card 113
Bologneser Schule (Malerei) 38
Bologneser Schule (Musik) 106
Bolognese-Soße 71
Botanique Festival 91
Botschaft 112
Brennerautobahn 111
Briefmarken 119
Bus 126

C

Cafés 76
Camping 126
Canale di Reno 88
Capodanno 92
Cappella di Sant'Andrea 63
Caracci-Vettern 38
Carducci, Giosuè 40
Casa Romei 51
Castello Estense 48
Cattedrale (Ferrara) 48
Cattedrale Metropolitana di San Pietro 22
Chiesa di Santa Maria dei Servi 33
Chiesa di Santa Maria della Vita 28
Cimitero della Certosa (Ferrara) 52
Cimitero di Certosa 43
Cinema Lumière 27
Cinema Ritrovato Festival 27
Cineteca di Bologna 27
Colli Bolognesi 94
Complesso di Santo Stefano 32
Coperto 73
Coppia ferrarese 52
Corte Isolani 32

D

Dalla, Lucio 21
Dante Alighieri 59
Debitkarte 113, 118
Design 85
Diplomatische Vertretungen 112
Diverdeinverde 91
Domus dei Tappeti di Pietra 61
Ducati 69, 103
Due Torri 35
Duomo di Ravenna 63

E

EC-Karte 113, 118
Einkaufen 53, 66
Einwohner 104
Eis 72
Elektrizität 112
Emilia-Romagna 102
Erdbeben 26
Essen 71
Este 47

F

Fahrrad 53, 119
Feiertage 92
Felsina 96
Fernbus 110
Ferrara 46
Ferrara Buskers Festival 91
Ferrara sotto le stelle 91
Festivals 90
Fiera del Libro per Ragazzi 90
Fiera di Natale 92
Flughafen 110
Fondazione Guglielmo Marconi 99
Fontana del Nettuno 16
Fremdenverkehrsamt 113
Friedhof 43, 52
Frühstück 72, 77
Fundbüro 118

G

Galerien 70
Galvani, Luigi 29
Garibaldi, Giuseppe 41
Gärten 88
Gastronomie 52, 66, 74
Gelato 72
Gelato Museum Carpigiani 68
Geld 113
Gender Bender Festival 92
Genus Bononiae 31
Geschichte 95
Geschwindigkeitsbeschränkungen 111
Getränke 72
Giardini Margherita 42
Girocard 113, 118
Gourmetmarkt 27, 78

H, I

Handy 121
Haus der Steinteppiche 61
Historische Universität 29
Homosexuelle 116
Hostels 125
Hotels 122
Il Cinema Ritrovato 91
Informationsquellen 113
Internet 115
Italienisch 120, 130
Italienische Spezialitäten 86

J, K

Jüdisches Museum 37
Kanäle 24
Kartensperrung 118
Kinder 87, 117
Kirchenstaat 95
Klima 128
Kneipen 80
Kombitickets 58
Konsulat 112
Konzerte 83
Kosmetik 85
Krankenhaus 117
Krankenversicherungskarte 116
Kreditkarte 113, 118
Küche der Emilia-Romagna 72
Kulinarisches 52, 66
Kulturprogramm 82
Kulturviertel 23
Kunstgalerien 70
Kurtaxe 122

L
La Strada Del Jazz 91
Laurea 35
Leitungswasser 122
Lesben 116
LGBT+ 116
Literaturtipps 115
Livemusik 82
Lokale 52, 66, 74

M
Maestrokarte 118
MAMbo (Museo d'Arte Moderna di Bologna) 23
Manifattura delle Arti 23
Märkte 87
Marktviertel 27
MAR – Museo d'Arte della Città di Ravenna 64
Mausoleo di Galla Placidia 60
Mausoleo di Teodorico 64
Maut 111
Mazzini, Giuseppe 41
Medien 114
Medizinische Versorgung 116
Mercato delle Erbe 78
Mercato di Mezzo 28
Mittagessen 73
Mode 84
Montagnola Music 91
Monumentalfriedhof 43
Morandi, Antonio 30
Mortadella 71
Mosaico di Notte 91
Mosaiken 58, 60
Museen 68
Museo Arcivescovile 63
Museo Civico Archeologico 29
Museo Civico d'Arte Industriale (Museum für Industriekunst) 34
Museo Civico del Risorgimento 40
Museo Civico Medievale (Mittelaltermuseum) 22
Museo Dante 59
Museo Davia Bargellini 34
Museo della Resistenza 68
Museo della Storia di Bologna 31
Museo del Patrimonio Industriale 69
Museo di Casa Carducci 40
Museo Ducati 69
Museo Ebraico di Bologna 37
Museo internazionale e biblioteca della musica di Bologna 33
Museo Lapidario 51
Museo Lucio Dalla 21
Museo Morandi 23
Museo Nazionale di Ravenna 61
Musica Insieme 91
Musik 87, 106

N, O
Nachtclubs 82
Nachtleben 79
Notfälle 118
Notruf 118
Nudeln 71
Öffnungszeiten 118
Oper 37
Osterias 81

P
Palazzo Comunale 19
Palazzo Costabili 50
Palazzo d'Accursio 19
Palazzo dei Diamanti 51
Palazzo del Capitano del Popolo 17
Palazzo della Mercanzia 28
Palazzo del Podestà 16
Palazzo Pepoli 31
Palazzo Poggi 38
Palazzo Re Enzo 17
Palazzo Schifanoia 50
Palio di Ferrara 52, 91
Parken 111
Parks 88
Pasolini, Pier Paolo 33
Pasta 71
Piazza del Nettuno 16
Piazza Maggiore 16
Pinacoteca Nazionale 39
Pinakothek (Ferarra) 51
Po-Ebene 94
Polizei 118
Portici 18
Porto 119

Post 119
Preisniveau 113
Promillegrenze 111
Publikationen 114

Q, R

Quadrilatero 27
Radfahren 53, 119
Ragù 71
Rauchen 80
Ravenna 54
Ravenna Festival 91
Reisezeit 128
Reno 94
Restaurants 52, 66, 74
Risorgimento 41, 96
roBOt Festival 92
Rossini, Gioachino 30, 106
Rundgänge 12

S

Salaborsa 20
San Michele in Bosco 42
San Petronio 20, 92
Santuario di Madonna di San Luca 42
Savena 94
Savonarola, Girolamo 48
Schwule 116
Seidenindustrie 24
Shopping 53, 66, 84
Sicherheit 120
Spartipps 113
Spazierwege 88
Speisen 71
Spezialitäten aus Bologna 71
Sperrnotruf 118
Spielsachen 87
Sprache 120, 130
Stabat-Mater-Hörsaal 30
Stadtgeschichte 95
Stadtspaziergänge 12
Stadttouren 120
Strage di Bologna 100, 104
Stromspannung 112
Studentenwohnheime 125
Süßspeisen 71
Synagoge 37

T

Tauernautobahn 111
Taxi 110, 128
Teatro Comunale 37
Telefonieren 121
Termine 90
Theater 83
Theoderich der Große 62, 64
Tomba di Dante 59
Torre Asinelli 35
Torre dell'Arengo 16
Torre Garisenda 36
Touristeninformation 113
Trinken 72
Trinkgeld 73
Trinkwasser 122
Türme 36

U

UNESCO City of Music 106
UNESCO-Welterbe 18
Universität 103
Universitätsviertel 35
Unterkünfte 54, 66, 122

V

Vegetarier 76
Veranstaltungen 90
Verhaltenstipps 126
Verkehrsberuhigte Zone (ZTL) 111
Verkehrsmittel 126
Verwaltungsbezirke 95
Vignette 111
Visa-Karte 113
Voltone del Podestà 17
Vorwahlen 4, 121
V PAY 113

W, Z

Wasser 122
Websites 114
Weihnachtsmarkt 92
Wein 72
Wetter 128
WLAN 115
ZTL (Zona a Traffico Limitato del Centro Storico) 111

Impressum

Lilly Nielitz-Hart, Simon Hart

CityTrip Bologna

3., neu bearbeitete und aktualisierte Auflage 2023

ISBN 978-3-8317-3634-8

Printed in Germany

Druck und Bindung:
mediaprint solutions GmbH, Paderborn

Herausgeber: Klaus Werner
Layout: amundo media GmbH (Umschlag, Inhalt), Peter Rump (Umschlag)
Lektorat: amundo media GmbH
Karten: Ingenieurbüro B. Spachmüller, amundo media GmbH
Anzeigenvertrieb: KV Kommunalverlag GmbH & Co. KG, Alte Landstraße 23, 85521 Ottobrunn, Tel. 089 928096-0, info@kommunal-verlag.de
Kontakt: Osnabrücker Str. 79, 33649 Bielefeld, info@reise-know-how.de

Alle Angaben in diesem Buch sind gewissenhaft geprüft. Preise, Öffnungszeiten usw. können sich jedoch schnell ändern. Für eventuelle Fehler übernehmen Verlag wie Autoren keine Haftung.

Bildnachweis

Umschlagvorderseite: ©Vivida Photo PC, stock.adobe.com | Umschlagrückseite: ©Yasonya, stock.adobe.com
Umschlagklappe rechts und S. 5: Lilly Nielitz-Hart
Soweit ihre Namen nicht vollständig am Bild vermerkt sind, stehen die Kürzel an den Abbildungen für die folgenden Fotografen, Firmen und Einrichtungen. Lilly Nielitz-Hart: nh

Liste der Karteneinträge

1 [E5] Piazza Maggiore und Piazza del Nettuno S. 16
2 [E4] Palazzo del Podestà S. 16
3 [E4] Palazzo Re Enzo S. 17
4 [D5] Palazzo d'Accursio (Palazzo Comunale) S. 19
5 [E5] Basilica di San Petronio S. 20
6 [E4] Cattedrale Metropolitana di San Pietro S. 22
7 [D4] Museo Civico Medievale (Mittelaltermuseum) S. 22
8 [C4] Basilica di San Francesco S. 23
9 [C2] MAMbo (Museo d'Arte Moderna di Bologna) und Museo Morandi S. 23
10 [E5] Quadrilatero – das Marktviertel S. 27
11 [E5] Palazzo della Mercanzia S. 28
12 [E5] Chiesa di Santa Maria della Vita S. 28
13 [E5] Museo Civico Archeologico (Archäologisches Museum) S. 29
14 [E5] Archiginnasio – historische Universität S. 29
15 [E5] Palazzo Pepoli mit Museo della Storia di Bologna S. 31
16 [F5] Complesso di Santo Stefano S. 32
17 [G5] Chiesa di Santa Maria dei Servi S. 33
18 [F5] Museo internazionale e biblioteca della musica di Bologna S. 33
19 [G5] Museo Davia Bargellini und Museo Civico d'Arte Industriale (Museum für Industriekunst) S. 34
20 [E4] Due Torri S. 35
21 [F4] Museo Ebraico di Bologna (Jüdisches Museum) S. 37
22 [F4] Teatro Comunale S. 37
23 [G4] Palazzo Poggi S. 38
24 [G3] Pinacoteca Nazionale S. 39
25 [E6] Basilica di San Domenico S. 39
26 [H6] Museo Civico del Risorgimento und Museo di Casa Carducci S. 40
27 [G8] Giardini Margherita S. 42
28 [D8] San Michele in Bosco S. 42
31 [Karte II] Castello Estense S. 48
32 [Karte II] Cattedrale S. 48
33 [Karte II] Palazzo Costabili und Archäologisches Nationalmuseum S. 50
34 [Karte II] Palazzo Schifanoia S. 50
35 [Karte II] Casa Romei S. 51
36 [Karte II] Palazzo dei Diamanti mit Pinakothek S. 51
37 [Karte III] Basilica di San Vitale S. 58
38 [Karte III] Mausoleo di Galla Placidia S. 60
39 [Karte III] Museo Nazionale di Ravenna S. 61
40 [Karte III] Domus dei Tappeti di Pietra (Haus der Steinteppiche) S. 61
41 [Karte III] Battistero degli Ariani S. 61
42 [Karte III] Basilica di Sant'Apollinare Nuovo S. 62
43 [Karte III] Battistero Neoniano S. 63
44 [Karte III] Museo Arcivescovile und Cappella di Sant'Andrea S. 63
45 [Karte III] MAR – Museo d'Arte della Città di Ravenna S. 64

M 1 [D5] Museo Lucio Dalla S. 21
B 2 [C2] Biblioteca Renzo Renzi S. 27
K 3 [C2] Cinema Lumière S. 27
4 [E5] Mercato di Mezzo S. 28
★5 [F5] Corte Isolani S. 32
•6 [F5] Geburtshaus von Pier Paolo Pasolini S. 33
•7 [F8] Serre dei Giardini Margherita S. 40
M 8 [Karte II] Museo Lapidario S. 51
•9 [Karte II] Palazzo Massari S. 52

10 [Karte II] Certosa di Ferrara S. 52
11 [Karte II] Gelateria Hobo S. 53
12 [Karte II] La Bottega del Pane S. 53
13 [Karte II] Makorè S. 53
14 [Karte II] Pasticceria Bar Roverella S. 53
15 [Karte II] Trattoria da Noemi S. 53
16 [Karte II] Negozi Libraccio S. 53
17 [Karte II] La Ricicletta S. 54
18 [Karte II] Link Tours Bike S. 54
20 [Karte II] B&B Alle Giostre S. 54
21 [Karte II] Hotel de Prati S. 54
22 [Karte II] Hotel Touring S. 54
23 [Karte III] I.A.T. Ravenna (Touristeninformation) S. 58
24 [Karte III] Biglietteria Basilica di San Vitale S. 58
25 [Karte III] Museo Dante S. 59
26 [Karte III] Tomba di Dante S. 59
27 [Karte III] Basilica di San Francesco (Ravenna) S. 60
28 [Karte III] Mercato Coperto S. 66
29 [Karte III] Pasticceria Palumbo S. 66
30 [Karte III] Koko Mosaico S. 66
31 [Karte III] Best Western Hotel Bisanzio S. 66
32 [Karte III] Casa Masoli Bed & Breakfast S. 66
33 [Karte III] Bar Fulèr S. 66
35 [B5] Museo della Resistenza S. 68
38 [C4] Palazzo Pallavicini S. 70
39 [E5] 051 – Zerocinquantello S. 74
40 [E4] Bottega Portici 2 Torri S. 74
41 [E4] La Prosciutteria S. 74
42 [E3] Osteria dell'Orsa S. 74
43 [E5] Osteria del Podestà S. 74
44 [D3] Ristorante Pizzeria Mangiassieme S. 74
45 [E5] Rosa Rose Bistrot S. 74
46 [F4] Scuderia Future Food Living Lab S. 74
47 [E5] Sfoglia Rina S. 74
48 [D5] Trattoria Battibecco S. 75
49 [E3] Trattoria dal Biassanot S. 75
50 [E3] Trattoria Montanara S. 75
51 [D4] Trattoria Osteria Buca Manzoni S. 75
52 [B4] Ristorante Casa Monica S. 75
53 [E5] Ristorante Clavature S. 75
54 [G5] Scaccomatto S. 76
55 [D5] Vicolo Colombina S. 76
56 [D1] Bar River S. 76
57 [E4] Caffè Terzi S. 76
58 [D5] Botanica Lab Cucina S. 76
59 [G2] Estravagario S. 76
60 [F4] Malerba (by Centro3centro Veg) S. 76
61 [A3] Missfagiola Green Lab S. 76
62 [F6] RapaRossa S. 76
63 [B4] Trattoria Baraldi S. 76
64 [D4] Caffè Vittorio Emanuele S. 77
65 [E5] Caffè Zanarini S. 77
66 [E4] Ca' Pelletti S. 77
67 [E5] Casa Minghetti S. 77
68 [E3] Naama Caffè S. 77
69 [C4] Cremeria San Francesco S. 77
70 [E4] Gelateria Gianni S. 77
71 [G4] Il Gelatauro S. 77
72 [E4] Pappare' S. 77
73 [E3] Majori S. 78
74 [E5] Pasticceria Caffetteria Santo Stefano S. 78
75 [C4] Pasticceria Gamberini S. 78
76 [C4] Mercato delle Erbe S. 78
78 [E5] Bebi Bar S. 80
79 [F5] Birreria Popolare S. 80
80 [E4] Caffè Zamboni S. 80
81 [E3] Cantinella Ristoro all'Arena del Sole S. 80
82 [F4] La Cambusa Americana S. 81
83 [E4] La Linea S. 81
84 [F3] Le Stanze S. 81
85 [E5] Nu Lounge Bar S. 81
86 [E5] Osteria del Sole S. 81
87 [F5] Ruggine S. 82
88 [C4] Altotasso S. 82
89 [F3] Bravo Caffè S. 82
90 [F5] Camera Jazz & Music Club S. 82
91 [F3] Cantina Bentivoglio S. 82
92 [D3] Cortile Cafè S. 82
95 [G8] Chalet dei Giardini Margherita S. 82
96 [F4] Lab16 S. 82
99 [D3] Millenium S. 83

100 [F4] Soda Pops Disco Bar S. 83
101 [F5] Accademia Filarmonica di Bologna S. 83
102 [E3] Arena del Sole S. 83
104 [D3] Auditorium Manzoni S. 83
105 [G4] Centro Ricerca Musicale S. 83
107 [F6] Teatro Duse S. 83
108 [D5] Boggi S. 84
109 [D5] Doria 1905 S. 84
110 [E5] Eticlò S. 84
111 [E5] Galleria Cavour Bologna S. 84
112 [F5] Icons Luxury & Vintage S. 84
113 [E5] Liviana Conti S. 84
114 [E4] Luisa Spagnoli S. 84
115 [E4] Mantellassi Calzature S. 84
116 [F5] Mari Carraro S. 85
117 [E4] Max e Giò S. 85
118 [E5] Napapijri Bologna S. 85
119 [E4] Other Stories S. 85
120 [E5] Pinko Bologna S. 85
122 [F4] Bio Profumeria S. 85
123 [D4] Oway S. 85
124 [E4] Kartell Design Shop S. 85
125 [E4] Martino Design S. 86
127 [E5] Paolo Atti & Figli S. 86
128 [E5] Venchi Chocolate S. 86
129 [E1] Fiera del Libro S. 87
130 [F5] Mercato Antiquario Città di Bologna S. 87
131 [E3] Mercato Artigianale – DecoMela Art S. 87
132 [E3] Mercato Piazzola/ Montagnola S. 87
133 [C2] Mercato Ritrovato S. 87
134 [B5] 180 Grammi vinyl-shop S. 87
135 [D3] Disco d'oro S. 87
136 [E4] La Feltrinelli Librerie S. 87
137 [F5] Città del Sole S. 87
138 [E5] Librerie Coop Ambasciatori S. 87
139 [G3] Orto Botanico ed Erbario S. 89
142 [C2] MAMbo Café S. 89
145 [E1] Autostazione di Bologna S. 111
146 [D1] Abycar S. 111
147 [E1] Garage Masini S. 112
148 [D5] Österreichisches Honorarkonsulat Bologna S. 112
149 [C2] Cassero LGBTI+ Center S. 116
150 [A4] Libreria Igor S. 116
151 [D2] MIT – Movimento Identità Transessuale S. 116
152 [F3] Barattolo Café Bar S. 116
155 [D1] Farmacia della Stazione S. 117
158 [D5] Polizia del Stato S. 118
160 [E5] Hauptpost S. 119
161 [E2] BIKEinBO S. 119
163 [E4] Travelhoo S. 120
166 [E3] Residenza San Martino S. 123
167 [E4] Torre Prendiparte S. 123
168 [D2] Albergo Atlantic S. 124
169 [E5] Albergo delle Drapperie S. 124
170 [C2] Astoria Hotel S. 124
171 [D7] B&B Casa Miramonte S. 124
172 [E4] Hotel Corona D'Oro S. 124
173 [F4] Hotel San Donato S. 124
174 [F7] Il Convento dei Fiori di Seta S. 124
175 [E2] I Portici S. 124
176 [D2] Nuovo Hotel del Porto S. 125
177 [F6] B&B Isabella S. 125
178 [C7] B&B Margherita S. 125
179 [D4] B&B Parigi S. 125
180 [F7] B&B Rizzoli S. 125
181 [C5] Bologna nel Cuore S. 125
182 [D5] La Colombina S. 125
183 [G6] San Petronio Vecchio S. 125
184 [G6] Santo Stefano S. 125
185 [D4] Albergo Centrale S. 125
187 [F3] Dopa Hostel S. 125
189 [C4] TPER S. 127
190 [D1] Bologna Centrale S. 127

Hier nicht aufgeführte Nummern liegen außerhalb der abgebildeten Karten. Ihre Lage kann aber wie die von allen Ortsmarken im Buch mithilfe der Web-App angezeigt werden (s. S. 144).

Bologna mit PC, Smartphone & Co.

QR-Code auf dem Umschlag scannen oder **www.reise-know-how.de/citytrip/bologna23** eingeben und die **kostenlose Web-App** aufrufen (Internetverbindung zur Nutzung nötig)!

★**Anzeige der Lage und Satellitenansicht aller** beschriebenen Sehenswürdigkeiten und weiteren Orte
★**Routenführung** vom aktuellen Standort zum gewünschten Ziel
★**Exakter Verlauf** der empfohlenen Stadtspaziergänge
★**Audiotrainer** der wichtigsten Wörter und Redewendungen
★**Updates** nach Redaktionsschluss

GPS-Daten zum Download

Die GPS-Daten aller Ortsmarken und Spaziergänge können hier geladen werden: www.reise-know-how.de, dann das Buch aufrufen und zur Rubrik „Datenservice" scrollen.

Stadtplan für mobile Geräte

Um den Stadtplan auf Smartphones und Tablets zu nutzen, empfehlen wir die App „Avenza Maps" der Firma Avenza™. Über die Funktion „Store" kann die „Citymap Bologna 2023" kostenlos geladen werden.

Die Web-App und der Zugriff auf diese über QR-Codes sind eine freiwillige, kostenlose Zusatzleistung des Verlages. Der Verlag behält sich vor, die Bereitstellung des Angebotes und die Möglichkeit der Nutzung zeitlich und inhaltlich zu beschränken. Der Verlag übernimmt keine Garantie für das Funktionieren der Seiten und keine Haftung für Schäden, die aus dem Gebrauch der Seiten resultieren. Es besteht ferner kein Anspruch auf eine unbefristete Bereitstellung der Seiten.

Zeichenerklärung

12 Hauptsehenswürdigkeit

- Arzt, Apotheke, Krankenhaus
- Bar, Club, Treffpunkt
- Bed and Breakfast, Pension
- Bibliothek
- Biergarten, Kneipe
- Café, Eiscafé
- Denkmal
- Galerie
- Geschäft, Kaufhaus, Markt
- Hotel, Unterkunft
- Imbiss
- Informationsstelle
- Jugendherberge, Hostel
- Kino
- Kirche
- Museum
- Musikszene, Disco
- Parkplatz
- Polizei
- Post
- Restaurant
- ★ Sehenswürdigkeit
- Sonstiges
- Synagoge
- Theater
- Vegetarisches Restaurant

- Shoppingareal
- Gastro- und Nightlife-Areal
- Stadtspaziergang Tag 1 (s. S. 12)
- Stadtspaziergang Tag 2 (s. S. 15)